D1534936

Vivre avec le régime I. G.

vivre avec le régime

indice glycémique

Délicieuses recettes
et stratégies concrètes
pour une perte de poids permanente

RICK GALLOP

Ancien président de la Fondation de l'Ontario
des maladies du cœur

Traduction de Johanne Forget

LES ÉDITIONS
PUBLISTAR
QUEBECOR MEDIA

Catalogage avant publication de Bibliothèque et Archives Canada

Gallop, Rick

Vivre avec le régime I. G.

Traduction de : Living the G.I. diet.

Comprend un index.

ISBN 2-89562-160-8

1. Régimes amaigrissants. 2. Index glycémique. 3. Régimes amaigrissants – Recettes. I. Richards, Emily. II. Titre. III. Titre : Vivre avec le régime indice glycémique.

RM222.2.G34314 2006   613.2'5   C2006-940510-7

Éditrice : Annie Tonneau
Traduction : Johanne Forget
Révision linguistique : Corinne De Vailly
Mise en pages : Édiscript enr.
Correction d'épreuves : Annie J. Ollivier
Conception de la couverture : Random House Canada, Carol Moskot
Graphisme de la couverture pour l'édition française : Antonella Battisti

Remerciements

Les Éditions Publistar reconnaissent l'aide financière du gouvernement du Canada par l'entremise du Programme d'aide au développement de l'industrie de l'édition (PADIÉ) pour ses activités d'édition. Nous remercions la Société de développement des entreprises culturelles du Québec (SODEC) du soutien accordé à notre programme de publication. Gouvernement du Québec – Programme de crédit d'impôt pour l'édition de livres – gestion SODEC.

Titre original : Living the G.I. Diet
Copyright © 2003 Green Light Foods Inc.
Publié et traduit avec l'autorisation de Random House Canada, une division de Random House of Canada Limited.

Les Éditions PUBLISTAR
7, chemin Bates, Outremont (Québec) H2V 4V7
Téléphone : (514) 849-5259
Télécopieur : (514) 270-3515

Distribution au Canada

Messageries ADP
2315, rue de la Province
Longueuil (Québec) J4G 1G4
Téléphone : 450 640-1234
Sans frais : 1 800 771-3022

© Les Éditions Publistar, 2006
Dépôt légal – Bibliothèque et Archives nationales du Québec, 2006
Bibliothèque nationale du Canada
ISBN-10 : 2-89562-160-8
ISBN-13 : 978-2-89562-160-7

Aux milliers de lecteurs qui ont partagé avec moi leurs expériences et leur réussite, qui m'ont inspiré et ont motivé la rédaction du présent ouvrage.

Table des matières

Introduction

En 2002, j'ai lancé mon premier livre, *The G.I. Diet* (*Le Régime I. G.*) avec une certaine appréhension. Ce n'était pas l'efficacité du régime qui m'inquiétait, loin de là. Je savais par expérience que c'était le meilleur programme d'amaigrissement sur le marché. Le livre était fondé sur les recherches scientifiques les plus récentes, et il avait l'approbation de nombreux médecins. J'avais moi-même maigri de 10 kg grâce à lui, alors que j'avais perdu tout espoir de réussir à le faire un jour. Non, ce qui m'inquiétait, c'était qu'il puisse se noyer dans la mer de livres sur les régimes qui peuplent les étalages des libraires, des livres pleins de promesses vides, qui font la promotion de régimes dangereusement malsains, ou tout simplement inefficaces.

Je voulais que les gens connaissent la véritable cause de leur problème d'obésité, et qu'ils sachent qu'ils peuvent facilement perdre leurs kilos en trop, sans avoir à effectuer des calculs mathématiques complexes ou à mourir de faim. Je suis persuadé que les Canadiens prennent plus de poids que jamais, parce qu'on les a mal renseignés. La vérité, c'est que vous pouvez manger autant, sinon plus qu'actuellement et perdre du poids. Tout ce que vous devez faire, c'est choisir les bons aliments.

Par bonheur, les gens ont remarqué *The G.I. Diet*, et cet ouvrage a touché une corde sensible chez beaucoup d'entre eux. Le livre est devenu un best-seller national, et des dizaines de milliers de Canadiens ont perdu du poids grâce au programme qu'il propose ! C'est tellement gratifiant de recevoir les courriels de nombreuses personnes qui décrivent leurs succès – c'est d'elles que m'est véritablement venue la motivation d'écrire ce second livre, *Living the G.I. Diet* (*Vivre avec le régime I. G.*). Je voulais leur donner encore plus d'informations et beaucoup de recettes pour les aider à continuer de maigrir ou à garder leur nouveau poids.

Pour ceux qui n'ont pas lu *The G.I. Diet*, je commence le présent livre avec un court aperçu de ses principes. Ce résumé vous donnera les bases pour commencer le programme sans délai. Si, toutefois, vous croyez avoir besoin de renseignements plus détaillés, je vous invite à lire mon premier livre.

Les personnes qui connaissent déjà le programme peuvent parcourir le résumé pour se rafraîchir la mémoire, ou choisir de le sauter. Je tiens cependant à préciser que le *Guide alimentaire du régime I. G.* à la page 32 a été augmenté, c'est-à-dire qu'il contient plus d'aliments que dans le livre précédent.

J'ai également décidé d'engager des experts pour la rédaction du présent livre. J'ai demandé à ma femme, la D^re Ruth Gallop, d'écrire un chapitre sur la façon d'aborder les motifs émotionnels qui nous poussent à manger. Elle enseigne à l'Université de Toronto, et elle est une sommité internationale sur les traumatismes de l'enfance et leurs conséquences sur le comportement à l'âge adulte.

Évidemment, nous n'avons pas tous subi des traumatismes, mais nous nous servons presque tous de la nourriture pour d'autres motifs que nos besoins physiologiques. Lorsque vous avez une mauvaise journée au bureau, achetez-vous une boîte de chocolats en rentrant à la maison ? Si vous êtes seul à la maison le samedi soir, vous offrez-vous un pot de crème glacée Häagen-Dazs ? Ruth vous dira comment corriger cette habitude de vous tourner vers la nourriture pour vous réconforter lorsque vous vous sentez stressé ou déprimé.

J'ai également demandé à Emily Richards, que vous connaissez peut-être grâce à sa participation à la populaire émission de télévision *Canadian Living Cooks*, de créer de délicieuses recettes feu vert et feu jaune pour le petit-déjeuner, le dîner, les collations, le souper, et, oui, même pour le dessert.

Avec ce programme, vous pouvez consommer une importante variété de mets savoureux et appétissants sans jamais avoir l'impression de suivre un régime. En fait, de nombreux plats ne manqueront pas de faire le bonheur de toute la famille.

Pour vous motiver encore plus, j'ai reproduit quelques-uns des courriels de personnes qui suivent le régime I. G. Leurs récits sont souvent émouvants et vraiment stimulants. Je suis très fier d'elles, et je leur suis reconnaissant de leurs commentaires. J'espère que leur expérience vous aidera à entreprendre le voyage vers une nouvelle taille, plus mince.

Cher Rick,

J'ai essayé plusieurs programmes d'amaigrissement au cours des 30 dernières années... Aucun d'eux n'a été efficace longtemps. Et tout le poids que j'ai perdu est revenu en triple.

J'étais sur ma bicyclette d'entraînement et j'écoutais les nouvelles, lorsque la chronique traitant de la santé a commencé. On y parlait de *The G.I. Diet*. On n'en revenait pas des résultats que certaines personnes avaient obtenus en suivant le régime. Le plus extraordinaire, c'est qu'elles disaient que le régime abaissait le taux cholestérol et n'augmentait pas le taux de sucre. Cela me convenait, parce qu'il y a des antécédents de diabète dans ma famille, et que je courais le risque de contracter cette maladie dans les années à venir.

Alors, je suis allée acheter le livre, et j'ai commencé à le lire le soir même. J'ai été incapable de m'interrompre. Tout me paraissait logique, et c'était écrit dans un langage facile à comprendre. Et surtout, il n'y avait PAS DE « MESURAGE » D'ALIMENTS !

J'ai perdu 29 kg, et je suis passé de la taille 28 (28 très serré) à la taille 18 ! Outre la perte de poids, le plus important est que mes dernières analyses sanguines sont incroyables. Mon taux de cholestérol a baissé de manière spectaculaire et est maintenant normal — quand je songe qu'un peu plus et je devais commencer à prendre des médicaments pour le contrôler. Pour moi, le régime I. G. est le meilleur ! Notre société ne serait pas dans une situation aussi désastreuse en ce qui a trait aux problèmes d'obésité si tous suivaient le régime I. G.

Merci de votre attention,

Pamela

Première partie

Le régime I. G. en bref

CHAPITRE UN

Le secret de la perte de poids facile et permanente

Pendant des années, les médecins, les nutritionnistes et les instances gouvernementales nous ont répété que le meilleur moyen de conserver un poids santé est d'avoir une alimentation pauvre en lipides et riche en glucides. Comme tous ceux qui ont essayé de maigrir, vous avez probablement commencé par réduire la quantité de matières grasses que vous ingérez. Plutôt que de manger du bacon et des œufs au petit-déjeuner, vous êtes passé aux céréales arrosées de lait écrémé. Plutôt que de manger un hamburger au dîner, vous avez choisi une soupe poulet nouilles et une tranche de pain blanc sans beurre. Plutôt que de manger des croustilles, vous avez grignoté des galettes de riz. Vous avez fait ces choix plus sains, vous avez eu bonne conscience, et, à la fin du mois, vous êtes monté avec impatience sur le pèse-personne pour découvrir que vous aviez pris un kilo de plus ! Que s'est-il passé ?

Tout d'abord, dissipons une idée largement répandue : les matières grasses ne font pas nécessairement grossir. La consommation de lipides est demeurée pratiquement constante dans les dix dernières années au pays, et pourtant les chiffres relatifs à l'obésité ont atteint des sommets. De toute évidence, les matières grasses ne sont pas coupables. Cela ne signifie tout de même pas que vous pouvez manger tous les aliments gras que vous voulez. La plupart des matières grasses peuvent être passablement néfastes pour la santé. Il est alarmant de constater que certains livres sur le marché vantant des régimes populaires encouragent la consommation de grandes quantités de crème, de fromage et de steak. Par ailleurs, de plus en plus de données associent le cancer du côlon et de la prostate, ainsi que la maladie d'Alzheimer, à des quantités élevées de graisses saturées. Ces dernières sont assurément de «mauvais» gras. On les reconnaît facilement, par leur tendance à se solidifier à température ambiante et elles proviennent presque toujours de sources animales. Deux exceptions à cette règle : l'huile de coco et l'huile de palme, deux huiles végétales qui sont également saturées. Comme ces huiles sont peu coûteuses, on les utilise dans la préparation de nombreux aliments, surtout les biscuits.

Parmi les trois autres types de gras, on distingue les «bons», les «acceptables» et les «très vilains». Les «très vilains» gras sont potentiellement les plus dangereux. Il s'agit des huiles végétales qui ont été traitées à la chaleur dans le but de les épaissir. Ces huiles hydrogénées ou acides gras trans prennent les pires caractéristiques des gras saturés. Alors, ne vous en servez pas, et évitez les préparations dont la liste des ingrédients mentionne des huiles hydrogénées ou partiellement hydrogénées. Beaucoup de craquelins, de céréales, de pâtisseries et de produits de restauration rapide contiennent ces «très vilains» gras, mais, comme l'étiquetage des ingrédients était facultatif au Canada jusqu'à tout récemment (contrairement aux États-Unis), vous constaterez que certains emballages n'énumèrent pas tous les ingrédients. Le mieux est d'éviter ces types aliments, en vous disant que le fabricant a probablement quelque chose à cacher.

LES HUILES OU LES GRAISSES À FRITURE

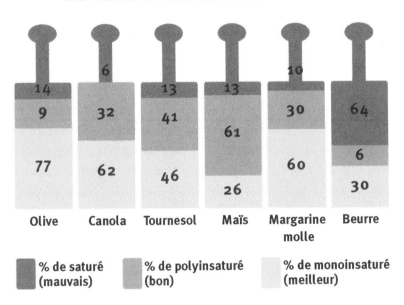

	6			10	
14		13	13		64
9	32	41		30	
			61		
					6
77	62	46		60	
			26		30
Olive	Canola	Tournesol	Maïs	Margarine molle	Beurre

■ % de saturé (mauvais)   ■ % de polyinsaturé (bon)   □ % de monoinsaturé (meilleur)

Donc, nous évitons les « mauvais » gras et les « très vilains » gras, mais nous ne devons pas éliminer entièrement les gras de notre alimentation. Les lipides sont absolument essentiels à notre organisme, parce qu'ils contiennent plusieurs éléments fondamentaux cruciaux pour le processus digestif. Les « meilleurs » gras sont les gras mono-insaturés. On les trouve dans certains aliments, comme les olives, les arachides, les amandes et les huiles d'olive et de canola. Les gras mono-insaturés ont, en fait, un effet bénéfique sur le cholestérol, et ils sont bons pour le cœur. Alors, essayez de les intégrer à votre alimentation. Cherchez en la mention sur les étiquettes des produits alimentaires. La plupart des fabricants qui les utilisent le précisent, car il s'agit d'un argument de vente important auprès des consommateurs éclairés.

Une autre huile extrêmement bénéfique, qui est dans une catégorie à part, contient un merveilleux ingrédient appelé oméga-3. On trouve cette huile dans les poissons d'eau froide, comme le saumon, et dans les graines de lin et de canola. Elle est recommandée pour la santé du cœur.

Les gras «acceptables» sont les gras poly-insaturés, parce qu'ils ne contiennent pas de cholestérol. La plupart des huiles végétales, comme celle de maïs et de tournesol, appartiennent à cette catégorie.

Vous devez maintenant vous demander ce qui fait grossir les gens, si ce ne sont pas les matières grasses. Eh bien, la réponse se trouve dans quelque chose que vous n'avez sans doute jamais considéré comme un aliment qui fait grossir, et ce sont les grains de céréales. Avez-vous déjà remarqué le nombre croissant de rayonnages d'épicerie consacrés aux produits à base de farine, de maïs et de riz? Les supermarchés ont maintenant d'immenses sections de craquelins, de biscuits et de grignotines; des allées entières de céréales; de nombreuses rangées de pâtes et de nouilles; et d'innombrables paniers de bagels, de petits pains, de muffins et de miches.

En 1970, le Nord-Américain moyen mangeait environ 60 kg de céréales par an. En 2000, ce chiffre avait augmenté à près de 90 kg. Cette augmentation vertigineuse explique pourquoi près de la moitié des Canadiens adultes ont un excédent de poids, et pourquoi 1 sur 7 est considéré comme obèse. Il s'agit d'une augmentation de 24 % au cours des 5 dernières années! Nous mangeons assurément trop de céréales, mais l'autre moitié du problème concerne le type de céréales que nous ingérons, qui est, en général, considérablement transformé. Prenez l'exemple de la farine. Les minoteries haute vitesse modernes utilisent des cylindres d'acier plutôt que les meules traditionnelles pour produire un produit moulu extrêmement fin. Le blé entier est traité à la vapeur et décortiqué dans le but d'en retirer le son et l'endosperme. Ensuite, le germe et l'huile sont enlevés, parce qu'ils deviennent rances trop rapidement pour rester en supermarchés. Ce qui reste après toute cette transformation est ensuite blanchi et commercialisé sous forme de « farine tout usage », avec laquelle on prépare la plupart des pains, bagels, muffins, biscuits, craquelins, céréales et pâtes que nous consommons. Même les pains « bruns » sont souvent faits de farine blanche colorée artificiellement.

CONSOMMATION DE BLÉ (en kilos, par personne)

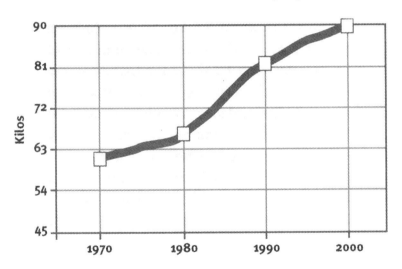

Source : ministère de l'Agriculture des États-Unis (1970-2000)

Et la farine n'est pas le seul aliment transformé de nos jours. Il y a une centaine d'années, la plupart des aliments passaient directement de la ferme à la table. L'inexistence de la réfrigération et l'insuffisance des connaissances en matière de chimie alimentaire faisaient en sorte qu'on laissait les aliments dans leur état originel. Cependant, les progrès de la science, ainsi que la migration de nombreuses femmes de leur foyer vers le marché du travail, ont provoqué une révolution dans les cuisines. Tout a été axé sur la rapidité et la simplicité de la préparation. On trouve maintenant du riz et des pommes de terre instantanés, des repas complets prêts à manger après quelques minutes au four à micro-ondes, etc.

L'inconvénient majeur de ce progrès réside dans la transformation. Plus un aliment est transformé moins l'organisme a besoin de le faire pour le digérer. Plus vite nous digérons les aliments, plus vite nous avons faim de nouveau, et plus nous avons tendance à manger. Nous connaissons tous la différence entre manger un bol de gruau à cuisson lente à l'ancienne et un bol de céréales sucrées froides. Le gruau reste avec nous – il nous «colle aux côtes», comme disait ma mère – tandis que nous songeons déjà à notre prochain repas une heure à peine après avoir avalé les céréales sucrées. Le problème fondamental est donc que nous mangeons des aliments que notre organisme digère trop facilement. Nous ne pouvons évidemment pas remonter le temps pour revenir à une époque plus simple, mais nous devons faire en sorte de ralentir le processus digestif pour que nous ressentions la faim moins souvent. De quelle manière? Eh bien, nous devons manger des aliments qui se digèrent lentement, qui se transforment à un rythme lent et régulier dans notre système digestif et qui nous rassasient plus longtemps.

Deux indices permettent de reconnaître ces aliments qui se digèrent lentement. Le premier est la quantité de fibres qu'il contient. Les fibres, en gros, sont nourrissantes, mais contiennent peu de calories. Elles ont en fait deux fonctions : elles remplissent notre estomac de sorte que nous éprouvons la satiété et elles se décomposent lentement, de manière à ralentir le processus digestif et à rester avec nous plus longtemps. On distingue deux formes de fibres : les solubles et les insolubles. Les fibres solubles se trouvent dans certains aliments comme le gruau, les haricots, l'orge et les agrumes. Des études ont démontré qu'elles diminuent le taux de cholestérol dans le sang. Les fibres insolubles sont importantes pour le fonctionnement normal des intestins. On les trouve habituellement dans les pains et les céréales de grains entiers et la plupart des légumes.

Le deuxième outil pour reconnaître les aliments qui se digèrent lentement est l'indice glycémique, ou l'I. G., le fondement même du Régime I. G. et le secret de la gestion fructueuse du poids. Il a été découvert par le Dr David Jenkins, professeur de nutrition à l'Université de Toronto. Au début de sa carrière, il s'est intéressé au diabète, une maladie qui gêne l'aptitude du corps à transformer les glucides et le sucre (le glucose). Le sucre demeure donc dans la circulation sanguine plutôt que de pénétrer dans les cellules du corps, ce qui cause de l'hypoglycémie, et potentiellement peut résulter en coma. À l'époque où le Dr Jenkins a commencé sa recherche, les glucides étaient strictement limités dans l'alimentation des diabétiques, à cause de leur effet à la hausse sur la glycémie dans la circulation sanguine. Cependant, comme le rôle principal des glucides est de donner de l'énergie au corps, les diabétiques devaient compenser le manque de calories par un régime riche en matières grasses, qui donne de l'énergie sans élever la glycémie. Les médecins étaient donc confrontés à un dilemme : ils sauvaient les diabétiques de l'hyperglycémie, mais ils augmentaient leurs risques de souffrir de cardiopathies.

Le Dr Jenkins s'est demandé si tous les glucides étaient identiques. Certains se digéraient-ils plus rapidement et élevaient-ils, par conséquent, plus vite la glycémie que les autres ? Ces autres se digéraient-ils plus lentement, de sorte que l'augmentation de la glycémie soit négligeable ? Il a fini par répondre oui à toutes ces questions. En 1980, il a publié un indice, l'I. G., qui montre les variations de rapidité avec laquelle les glucides se décomposent et libèrent le glucose dans la circulation sanguine. Plus un aliment se décompose rapidement, plus son indice glycémique est élevé dans l'échelle, qui fixe le sucre à 100 et classe tous les autres aliments en fonction de ce chiffre. Le tableau qui suit contient des exemples de classifications de l'I. G. En consommant uniquement les aliments qui ont un I. G. faible, les diabétiques peuvent désormais éviter l'hyperglycémie.

Sucre	100	Riz (basmati)	58	Tomate	38
Baguette	95	Muffin (au son)	56	Pomme	38
Riz	87	Pommes de terre		Yogourt (0 % M. G.)	33
Cornflakes	84	(nouvelles/bouillies)	56	Fettuccine	32
Pommes de terre (au four)	84	Maïs éclaté (léger)	55	Haricots	31
Beignes	76	Orange	44	Pamplemousse	25
Cheerios	75	All-Bran	43	Yogourt (0 % M. G., sans sucre)	14
Bagel	72	Gruau	42		
Raisins secs	64	Spaghetti	41		

Il s'est avéré que l'I. G. a également des effets extraordinaires sur toutes les personnes qui souhaitent maigrir. Le fait de maintenir une glycémie peu élevée est le secret de la perte de poids permanente.

Voici comment cela fonctionne : lorsqu'on mange un aliment à I. G. élevé, l'organisme le convertit rapidement en glucose. Le glucose se dissout dans la circulation sanguine et fait monter la glycémie en flèche. Le schéma de la page 25 illustre l'effet de la digestion du sucre sur le taux de glucose dans la circulation sanguine avec des haricots communs, qui ont un I. G. faible.

EFFET DE L'I.G. SUR LE TAUX DE SUCRE

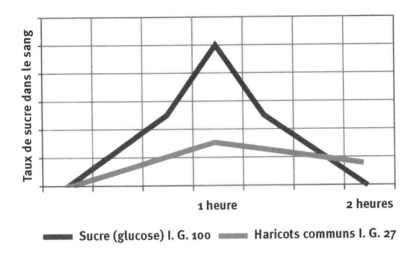

1 heure   2 heures

▬▬▬ Sucre (glucose) I. G. 100   ▬▬▬ Haricots communs I. G. 27

Comme vous pouvez le voir, la différence est specta-culaire entre les deux. Il ressort également du schéma que, après l'élévation de la glycémie, le sucre disparaît rapide-ment de la circulation sanguine, ce qui nous fait ressentir un manque d'énergie et le besoin de refaire le plein. La plupart d'entre nous éprouvons régulièrement une sensation de léthargie une heure après avoir mangé un mets de restaura-tion rapide, qui se compose généralement d'aliments à I. G. élevé. La poussée soudaine de glucose, suivie d'une évacua-tion rapide, entraîne une sensation de faim et d'abattement. Que faisons-nous alors ? Vers le milieu de l'après-midi, nous voulons une dose de sucre rapide, ou une collation, qui nous tire de notre léthargie. Quelques biscuits, un sac de croustilles – qui sont également des aliments à I. G. élevé – nous procurent une nouvelle montée de glucose, qui disparaît encore une fois peu de temps après. Et le cercle vicieux continue. Un régime composé d'aliments à I. G. élevé nous amène à ressentir la faim plus souvent et, en conséquence, à manger plus. Par comparaison, les aliments à I. G. faible sont comme la tortue face au lièvre de la fable. Ils se décomposent à un rythme lent et régulier dans le système digestif. Comme la tortue, ils gardent le cap, et nous nous sentons rassasiés plus longtemps et, par conséquent, nous mangeons moins.

Le deuxième motif pour lequel nous devrions éviter de consommer des aliments à I. G. élevé lorsque nous essayons de perdre du poids est lié à l'insuline. Lorsque nous éprouvons une élévation rapide de la glycémie, notre pancréas sécrète de l'insuline. Cette hormone fait deux choses extrêmement bien. Premièrement, elle réduit le taux de glucose dans la circulation sanguine en le dirigeant vers divers tissus du corps pour qu'il soit utilisé immédiatement ou pour qu'il soit emmagasiné sous forme de graisse. C'est pourquoi le glucose disparaît aussi vite. Deuxièmement, elle inhibe la reconversion de la graisse corporelle en glucose que le corps doit éliminer. Cette caractéristique évolutionnaire nous ramène à l'époque où nos ancêtres étaient des chasseurs-cueilleurs et connaissaient des périodes de jeûne ou de famine. Lorsque la nourriture était abondante, le corps emmagasinait ses surplus sous forme de graisse qui lui permettait de tenir pendant les inévitables épisodes de famine. L'insuline était la championne de ce processus : elle contribuait à l'accumulation de la graisse, et elle empêchait sa déplétion.

Tout a changé aujourd'hui, sauf nos estomacs. Nous n'avons plus besoin de chasser et de chercher notre nourriture ; le supermarché nous assure un approvisionnement garanti. Mais notre insuline continue d'emmagasiner la graisse et de la conserver intacte. Comme chacun le sait, le corps doit être capable de réduire les cellules adipeuses pour perdre du poids. Pour y parvenir, il faut faire deux choses. Premièrement, consommer moins de calories que ce dont le corps a besoin pour faire fondre ses réserves de graisses.

Cher Rick,

Je suis ravie d'avoir perdu 23 kg (en moins de quatre mois) et d'avoir réduit considérablement ma glycémie. Votre livre m'a redonné l'espoir de maigrir, car il m'en reste encore autant à perdre. Le fait de savoir que mon obésité morbide des dernières années n'est pas ma faute a renforcé ma confiance. Si seulement j'avais disposé de cette information quelques années avant. Je ne vous remercierai jamais assez !

Irene

Je suis désolé de parler de calories, parce que nous avons tous failli devenir fous à être obligés de les compter et d'effectuer des calculs mathématiques complexes. Malheureusement, à moins de nier les lois fondamentales de la thermodynamique, l'équation est immuable : quand on consomme plus de calories qu'on en dépense, le surplus est emmagasiné dans le corps sous forme de graisse. C'est un fait inéluctable. Actuellement, peu de livres sur les régimes mentionnent les calories, mais elles sont là, cachées derrière les diverses règles et suggestions. Ne vous inquiétez pas. Avec le présent livre, vous pouvez facilement réduire votre consommation de calories sans vous affamer. Je vais vous expliquer comment plus loin.

La seconde chose à faire pour aider notre corps à faire fondre ses cellules adipeuses, c'est de maintenir la glycémie à un niveau peu élevé, ce qui demande d'éviter les aliments à I. G. élevé.

Vous souvenez-vous des cornflakes, de la soupe poulet-nouilles, du pain blanc et des galettes de riz mentionnés en début du chapitre ? Vous ne perdrez jamais de poids si vous consommez ces aliments tous les jours, parce qu'ils ont tous un I. G. élevé – ils élèvent les taux d'insuline au point où l'organisme est incapable de brûler les graisses emmagasinées. Vous devriez plutôt vous en tenir aux aliments à I. G. faible.

Plutôt que de manger des cornflakes pour le petit-déjeuner, prenez plutôt du gruau ou du muesli maison. Plutôt que de manger de la soupe poulet-nouilles pour le dîner, prenez un bol de soupe aux lentilles maison. Évitez les galettes de riz lorsque vous avez besoin d'une collation, et mangez plutôt une poignée de noisettes ou d'amandes. Il n'est pas difficile de remplacer les aliments à I. G. élevé par des aliments à I. G. faible, et lorsque vous procéderez à ces changements, vous commencerez à perdre du poids. C'est aussi simple que cela.

Comment savoir quels sont les aliments à I. G. élevé, et ceux qui ont un I. G. faible ? Vous trouverez dans le chapitre suivant un tableau complet qui énumère les aliments qui font grossir et ceux qui permettent de perdre du poids. Ne vous attendez pas à ce que les aliments de la dernière catégorie soient limités et ennuyeux. Il existe tellement de

---

Cher Rick,

J'ai perdu près de 20 kg en un peu plus de 2 mois (je suis passé de 96 kg à 77 kg). Plus de maux de tête ! Ma tension artérielle, qui était de 180/120, est maintenant normale. Mon médecin n'arrive pas à le croire. Je ne m'étais pas senti aussi bien depuis des années. Mon poids est inférieur à ce qu'il était le jour de mon mariage, il y a 16 ans. Je n'ai pas faim entre les repas grâce à votre programme, et, oui, je peux me permettre des écarts à l'occasion sans reprendre les kilos perdus.

Merci infiniment

Joe

choix savoureux et satisfaisants que vous n'aurez même pas l'impression d'être au régime. Et plus loin dans le livre, Emily Richards vous proposera de nombreuses façons délicieuses de les préparer.

CHAPITRE DEUX

Le régime I. G.

Maintenant que vous comprenez les bases scientifiques du régime I. G., il est temps de passer aux choses sérieuses. Au fond, vous avez besoin de savoir quoi manger, quand, et en quelle quantité pour commencer à perdre vos kilos de trop.

Commençons par le «quoi». Comme nous l'avons vu dans le chapitre précédent, ce qui importe, pour maigrir, c'est de manger des aliments qui présentent deux caractéristiques essentielles : un faible contenu calorique et un I. G. peu élevé. Pour vous aider à reconnaître ces aliments, j'ai conçu un outil de référence commode appelé le *Guide alimentaire du régime I. G.*

Le Guide alimentaire du régime I. G.

Cette grille classe tous les aliments que vous pouvez imaginer en trois catégories, selon les couleurs des feux de circulation. Les aliments classés dans la catégorie feu rouge, la catégorie «arrêt», contiennent beaucoup de calories et ont un I. G. élevé. Ils doivent donc être évités. Certains d'entre eux vous étonneront peut-être ; par exemple, les toasts melba, les pommes de terre en purée, le navet et le melon d'eau sont tous des aliments de la catégorie feu rouge. Votre corps les digère tellement vite que vous avez faim une heure après les avoir consommés.

Les aliments de la catégorie feu jaune, la catégorie « prudence », ont un I. G. moyen, mais ils élèvent le taux d'insuline au point d'empêcher la perte de poids. Le pain au levain, le maïs et les bananes en font partie.

Les aliments de la catégorie feu vert, la catégorie « allez-y ! », sont ceux qui vont vous permettre de perdre du poids. Le poulet, le riz à grains longs et les asperges sont des aliments de la catégorie feu vert. Si vous mangez ces aliments, vous perdrez du poids. Prenez le temps d'examiner le *Guide alimentaire du régime I. G.* Ensuite, nous verrons comment il peut fonctionner pour vous.

Le Guide alimentaire du régime I. G.

HARICOTS	ROUGE	JAUNE	VERT
	Haricots au lard, au four		Tous les haricots (en conserve ou secs)
	Grosses fèves		Haricots au four (à faible teneur en gras)
	Haricots frits		Haricots à œil noir
			Pois chiches
			Fèves de soya
			Pois cassés
BOISSONS	ROUGE	JAUNE	VERT
	Boissons alcoolisées*	Boissons diète (avec caféine)	Eau en bouteille
	Boissons aux fruits	Lait (1 %)	Eau gazéifiée
	Lait (entier ou 2 %)	Vin rouge*	Café décaféiné (avec lait écrémé, sans sucre)
	Café ordinaire	Café ordinaire (avec lait écrémé, sans sucre)	Boissons diète (sans caféine)

* Dans la phase II, on peut inclure à l'occasion un verre de vin et une bière.

	Boissons gazeuses ordinaires	Jus de fruits non sucrés	Chocolat instantané allégé
	Jus sucré		Lait (écrémé)
			Thé (avec lait écrémé, sans sucre)
PAINS	**ROUGE**	**JAUNE**	**VERT**
	Bagels	Pita (blé entier)	Pain de blé entier 100 % moulu sur pierre
	Baguette/ Croissants	Pains de blé entier	Muffins feu vert (voir p. 240)
	Gâteau/Biscuits		Crêpes maison (voir p. 119 et 121)
	Céréales/Barres granola		Pain de blé entier à haute teneur en fibres (2½-3 g fibres par tranche)*
	Pain de maïs		
	Beignes		
	Muffins anglais		
	Pains à hamburger		
	Pains à hot-dog		
	Petits pains empereur		
	Toast melba		
	Muffins		
	Crêpes/Gaufres		
	Pizza		
	Chapelure		
	Tortillas		
	Pain blanc		

* **Seulement une tranche par portion.**

CÉRÉALES	ROUGE	JAUNE	VERT
	Toutes les céréales froides, sauf celles qui sont énumérées dans les catégories feu jaune ou feu vert	Shredded Wheat Bran	All-Bran
			Bran Buds
			Fibre First
	Granola		Müesli maison (voir p. 115)
	Gruau de maïs		Kashi Go Lean
	Müesli (du commerce)		Son d'avoine
			Gruau (à l'ancienne, flocons d'avoine)
			Red River

GRAINS CÉRÉALIERS	ROUGE	JAUNE	VERT
	Couscous	Maïs	Orge
	Millet		Sarrasin
	Riz (à grains courts, blanc, instantané)		Boulghour
	Gâteaux de riz		Riz (basmati, sauvage, brun, à grains longs)
	Croûtons		Grains de blé

CONDIMENTS/ ASSAISONNEMENTS	ROUGE	JAUNE	VERT
	Ketchup		Ail
	Mayonnaise		Fines herbes et épices
	Sauce tartare		Hoummos
			Mayonnaise (sans M. G.)
			Moutarde
			Sauce soya (à faible teneur en sodium)
			Sauce teriyaki
			Vinaigre
			Sauce Worcestershire

PRODUITS LAITIERS	ROUGE	JAUNE	VERT
	Fromage	Fromage (allégé)	Babeurre
	Lait au chocolat	Fromage à la crème (0 % M. G.)	Fromage (sans M. G.)
	Fromage cottage (entier ou 2 %)	Crème glacée (0 % M. G.)	Fromage cottage (1 % ou sans M. G.)
	Crème	Lait (1 %)	Yogourt aux fruits (sans M. G., avec édulcorant)
	Fromage à la crème		
	Crème glacée	Yogourt glacé (0 % M. G., sans sucre)	Crème glacée (sans M. G. et sans sucre ajouté, ex. : Breyers Premium sans M. G., Nestlé's Legend sans sucre ajouté)
	Lait (entier ou 2 %)	Crème sure (maigre)	
	Crème sure	Yogourt 0 % M. G., sans sucre	
	Yogourt (entier ou 2 %)		Lait écrémé

MATIÈRES GRASSES	ROUGE	JAUNE	VERT
	Beurre	Huile de maïs	Amandes*
	Huile de coco	Mayonnaise (légère)	Huile/graines de canola*
	Margarine dure	Noix en général	Graines de lin
	Saindoux	Huile d'arachides	Noisettes*
	Mayonnaise	Vinaigrettes (légères)	Noix de macadamia*
	Huile de palme	Huile de sésame	Mayonnaise (sans M. G.
	Beurre d'arachides (toutes les variétés)	Margarine molle (non hydrogénée)	Huile d'olive*
	Vinaigrettes (ordinaires)	Huile de tournesol	Vinaigrettes (à faible teneur en M. G. et en sucre)
	Huiles tropicales	Huiles végétales	Margarine molle (non hydrogénée, allégée)
	Shortening végétal		Huile végétale en aérosol

* Portions limitées (voir page 41).

FRUITS	ROUGE	JAUNE	VERT
FRAIS	Cantaloup	Abricot (frais)	Pomme
	Dattes	Banane	Mûre
	Melon miel	Kiwi	Bleuet
	Melon d'eau	Mangue	Cerise
		Papaye	Pamplemousse
		Ananas	Raisins
			Citrons
			Oranges (toutes variétés)
			Pêches/Prunes
			Poires
			Framboises
			Fraises

FRUITS	ROUGE	JAUNE	VERT
EN BOUTEILLE, EN CONSERVE, SÉCHÉS, CONGELÉS	Tous les fruits en conserve dans le sirop	Abricot sec	Compote de pommes (sans sucre)
	Compote de pommes sucrée	Canneberges séchées	Baies congelées
	Fruits secs en général*	Cocktail de fruits dans le jus	Mandarine
			Pêche dans le jus ou l'eau
			Poire dans le jus ou l'eau

JUS DE FRUITS**	ROUGE	JAUNE	VERT
	Boissons aux fruits	Pomme (non sucrée)	
	Pruneaux	Canneberge (non sucrée)	
	Jus sucrés	Pamplemousse (non sucré)	
	Melon d'eau	Orange (non sucrée)	
		Poire (non sucrée)	
		Ananas (non sucré)	

* On peut utiliser une modeste quantité d'abricots ou de canneberges séchés dans certaines recettes.
** Il est préférable, quand c'est possible, de manger un fruit plutôt que de boire du jus.

VIANDE, POULET, POISSON, ŒUFS ET TOFU	ROUGE	JAUNE	VERT
	Bœuf haché (plus de 10 % de gras)	Bœuf haché (maigre)	Tous les poissons et fruits de mer, frais, congelés ou en conserve (dans l'eau)*
	Hamburgers	Agneau (coupes maigres)	Bacon de dos
	Hot-dog	Porc (coupes maigres)	Bœuf (coupes maigres)
	Viandes transformées	Bacon de dinde	Poitrine de poulet (sans peau)
	Bacon ordinaire	Œufs oméga-3 entiers	Bœuf haché (extra-maigre)
	Saucisses		Jambon cuit maigre
	Sushi (à cause du riz)		Œufs liquides pauvres en cholestérol
			Œufs entiers ordinaires
			Sashimi
			Soya/poudre de protéines de lactosérum
			Tofu
			Poitrine de dinde (sans peau)
			Veau

*Évitez les fruits de mer panés ou frits.

PÂTES*	ROUGE	JAUNE	VERT
	Toutes les pâtes en conserve	Nouilles de riz	Capellini
	Gnocchi		Fettuccine
	Macaroni au fromage		Macaroni
	Nouilles (en conserve ou instantanées)		Penne
	Pâtes farcies au fromage ou à la viande		Spaghetti/Linguini
			Vermicelles

SAUCES POUR PÂTES	ROUGE	JAUNE	VERT
	Alfredo	Sauces à base de légumes (sans sucre ajouté)	Sauces maigres aux légumes (sans sucre ajouté)
	Sauces à la viande ou au fromage		
	Sauces avec sucre ou saccharose		

COLLATIONS	ROUGE	JAUNE	VERT
	Bagels	Banane	Amandes**
	Pain	Chocolat noir (70 % de cacao)	Compote de pommes (non sucrée)
	Bonbons	Crème glacée (à faible teneur en matières grasses)	Pêches/poires en conserve dans le jus ou l'eau
	Biscuits	Noix en général*	Fromage cottage (1 % ou sans M. G.)
	Craquelins	Maïs éclaté (léger, à cuire au micro-ondes)	Barres alimentaires (voir p. 258)
	Beignes Frites		Yogourt aux fruits (sans M. G., avec édulcorant)

* Utilisez autant que possible des pâtes de blé entier ou enrichies de protéines.
** Limitez la quantité (pour les portions, voir page 41).

ROUGE	JAUNE	VERT
Crème glacée		Noisettes*
Gélatine aromatisée (toutes les variétés)		Muffins maison (p. 240)
Muffins (du commerce)		Crème glacée (sans M. G. et sans sucre ajouté, ex. : Breyers Premium sans M. G., Nestlé's Legend sans sucre ajouté)
Maïs éclaté (ordinaire)		
Croustilles/Bretzels		
Raisins secs		Fruits frais en général
Sorbet		Légumes frais en général
Galettes de riz		Noix de soya*
Croustilles au maïs		
Mélange montagnard		

SOUPES	ROUGE	JAUNE	VERT
	Toutes les soupes à base de crème	Soupe au poulet en conserve	Soupes maison avec ingrédients feu vert
	Haricots noirs en conserve	Lentilles en conserve	Soupes aux haricots et aux gros morceaux de légumes (ex. : Demande Santé, Healthy Choice et Too Good To Be True)
	Pois verts en conserve	Tomates en conserve	
	Purée de légumes en conserve		
	Pois cassés en conserve		

SUCRERIES ET ÉDULCORANTS**	ROUGE	JAUNE	VERT
	Sirop de maïs	Fructose	Aspartame
	Glucose		Égal
	Miel		Splenda
	Mélasse		Stevia
	Sucre (tous les types)		Sugar Twin
			Sweet'N Low

* Portions limitées (voir page 41).
** Au sujet des édulcorants, voir page 270.

LÉGUMES ROUGE	JAUNE	VERT	
Grosses légumineuses	Artichaut	Roquette	Laitue (toutes les variétés)
		Asperge	
Frites	Betterave	Avocat*	Champignon
Pomme de terre rissolée	Maïs	Haricot (vert, jaune)	Olive*
Panais	Pomme de terre bouillie	Poivron	Oignon
Pomme de terre (instantanée)	Citrouille	Brocoli	Pois
		Chou de Bruxelles	Piment (fort)
Pomme de terre (en purée ou au four)	Courge	Chou	Marinades
Rutabaga	Patate douce	Carotte	Pomme de terre (nouvelle bouillie)*
Navet	Igname	Chou-fleur	Radis
		Céleri	Pois mange-tout
		Feuilles de chou vert	Épinard
		Concombre	Bette à carde
		Aubergine	Tomate
		Chou frisé	Courgette
		Poireau	

* Portions limitées.

Les portions

Le *Guide alimentaire du régime I. G.* facilite le choix des aliments qui conviennent à votre nouveau programme d'alimentation. Quelle quantité d'aliments devez-vous manger et quand ? Avant tout, ce n'est pas un régime de privations. En général, vous pouvez manger autant d'aliments de la catégorie feu vert que vous voulez. Il n'y a que quelques exceptions, lorsque l'I. G. ou le contenu calorique est plus élevé. Je les ai énumérés ci-après, avec les portions recommandées.

Pains feu vert (qui contiennent au moins 2½ à 3 g de fibres par tranche)	1 tranche
Céréales feu vert	½ tasse
Noix feu vert	8 à 10
Margarine (non hydrogénée, allégée)	2 c. à thé
Viande, poisson, volaille	110 g (environ la taille d'un paquet de cartes)
Huile d'olive/de canola	1 c. à thé
Olives	4 à 5
Pâtes	¾ de tasse (cuites)
Pommes de terre (nouvelles bouillies)	2 à 3
Riz (basmati, brun, à grains longs)	⅔ de tasse (cuit)
PHASE II	
Chocolat (70 % de cacao)	2 carrés
Vin rouge	1 verre de 140 ml

Des lecteurs m'ont demandé s'il était acceptable de manger 12 pommes par jour ou tout un pot de fromage cottage en une seule fois ! Je ne vous recommande pas d'exagérer les quantités de quoi que ce soit. Il est important que vous répartissiez votre consommation de calories durant la journée.

Si votre système digestif est occupé à transformer les aliments et qu'il fournit de l'énergie à votre cerveau à un rythme régulier, vous n'aurez pas envie de collations à teneur élevée en calories. Je sais que de nombreuses personnes ont l'habitude de sauter le petit-déjeuner, mais c'est une grave erreur. Les gens qui sautent ce premier repas ont l'estomac vide du dîner du soir au lendemain midi, c'est-à-dire souvent pendant plus de 16 heures ! Pas étonnant qu'ils se gavent le midi et aient besoin d'une dose de sucre au milieu de l'après-midi, parce qu'ils n'ont plus d'entrain. Mangez toujours trois repas par jour – petit-déjeuner, dîner, souper –, et jusqu'à trois collations – une au milieu de la matinée, une au milieu de l'après-midi et une avant d'aller vous coucher.

Et essayez de consommer approximativement la même quantité de calories à chaque repas. Si vous mangez peu au petit-déjeuner et au dîner, vous aurez tellement faim au souper que vous ne pourrez vous empêcher de manger trop.

Par ailleurs, chaque repas devrait comprendre des légumes ou des fruits, des protéines et un aliment fait de grains entiers. Les fruits, les légumes et les grains céréaliers sont tous des glucides, principale source d'énergie du corps. Ils sont riches en fibres, vitamines et minéraux, et ils contiennent des antioxydants, qui jouent un rôle primordial dans la protection contre la maladie, particulièrement celles du cœur et le cancer. C'est l'une des raisons pour lesquelles les régimes hyperprotéinés, qui ont malheureusement gagné en popularité ces dernières années, sont tellement néfastes pour la santé à long terme. Ils prescrivent la consommation d'une grande quantité de protéines animales, qui contiennent beaucoup de graisses saturées, tout en réduisant considérablement les glucides. Cela cause une cétose, un dangereux déséquilibre d'électrolytes et une accumulation d'acide dans le sang, qui peuvent être à l'origine de problèmes de reins, de calculs rénaux et d'ostéoporose. Les effets secondaires sont la fatigue, les maux de tête, la nausée, les étourdissements et la mauvaise haleine. En diminuant la quantité de légumes, de fruits, de grains entiers et de légumineuses que vous consommez, vous privez votre corps de vitamines et de minéraux essentiels.

C'est pourquoi les fruits et les légumes, qui pour la plupart contiennent peu de calories et ont un I. G. faible, forment la base du régime I. G.

Je sais bien que, selon le *Guide alimentaire canadien* pour manger sainement, les grains céréaliers devraient être l'élément principal de l'alimentation, suivis des fruits et des légumes. Pourtant, en donnant la priorité aux grains céréaliers, le guide favorise la principale cause de l'embonpoint et de l'obésité.

Récemment, la Clinique Mayo, l'un des plus importants centres de recherche médicale, a commencé à faire valoir que les fruits et les légumes sont la base d'une saine alimentation, et Santé Canada a décidé de réviser ses lignes directrices.

Les protéines sont également un élément essentiel de l'alimentation. La moitié du poids du corps sec, c'est-à-dire les muscles, les organes, la peau et les cheveux, est composée de protéines, et celles-ci sont nécessaires pour constituer et réparer les tissus corporels. Elles sont également beaucoup plus efficaces que les glucides et les lipides pour apaiser la faim. Elles servent de freins dans le processus digestif et nous font sentir rassasiés plus longtemps et plus alertes. Alors, faites en sorte d'inclure quelques protéines à chacun de vos repas. Trop souvent, pour faire vite, nous prenons des rôties et du café pour le petit-déjeuner – un repas sans protéines. Le dîner n'est guère mieux : un bol de pâtes avec quelques morceaux de poulet. La collation typique d'après-midi se résume souvent à un fruit ou un muffin : pas un seul gramme de protéines. En général, ce n'est qu'au souper que nous mangeons des protéines, et il s'agit la plupart du temps de la totalité de l'apport quotidien recommandé, et un peu plus. Comme les protéines sont essentielles au fonctionnement du cerveau, parce qu'elles fournissent les acides aminés aux neurotransmetteurs qui envoient les messages au cerveau, il est préférable de faire le plein de protéines plus tôt dans la journée. Cela rend l'esprit actif et alerte pour les activités quotidiennes.

Toutefois, comme je l'ai dit, la meilleure solution consiste à répartir la consommation de protéines sur la journée. Cela aide à se sentir alerte et rassasié. Choisissez des protéines faibles en matières grasses : les coupes de viande maigres, auxquelles on a enlevé les graisses visibles ; la volaille sans peau ; le poisson frais, congelé ou en conserve (mais pas le poisson enrobé de pâte à frire, qui a inévitablement une teneur élevée en matières grasses) ; les crustacés ; les haricots secs ; les produits laitiers allégés comme le lait écrémé (croyez-le ou non, après deux semaines, il a le même goût que le lait 2 %) ; le yogourt maigre sans sucre et le fromage cottage maigre ; les œufs sous forme liquide ou les blancs d'œufs ; et le tofu.

Pour visualiser facilement les portions que vous devriez consommer, imaginez que votre assiette est divisée en trois sections. La moitié de l'assiette devrait être couverte de légumes et de fruits. L'une des sources de protéines énumérées ci-dessus devrait occuper un quart de l'assiette et le dernier quart devrait être rempli de riz, de pâtes ou de pommes de terre de type feu vert. Le diagramme ci-dessous illustre l'aspect que devrait avoir votre assiette feu vert.

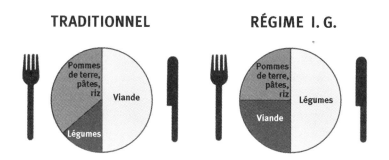

Que manger
au petit-déjeuner ?

Ce que je préfère par-dessus tout pour le petit-déjeuner, c'est le bon vieux gruau à l'ancienne. Son I. G. est faible, il contient peu de calories, et en plus il abaisse le taux de cholestérol. Mangez toujours des flocons d'avoine à l'ancienne, et non les gruaux minute ou instantané, parce qu'ils ont déjà été considérablement transformés. Le gruau est facile à préparer, surtout au four à micro-ondes, et il nous rassasie toute la matinée. On peut également en varier la saveur à l'infini. Il n'y a qu'à ajouter du yogourt à 0 % M. G., sans sucre, à saveur de fruits, de la compote de pommes non sucrée ou des fruits. Emily a inclus quelques suggestions formidables pour le petit-déjeuner, que vous trouverez aux pages 127 et suivantes. Voici quelques principes généraux à suivre pour que vos petits-déjeuners respectent la catégorie feu vert.

Le café

Le principal problème en ce qui concerne le café, c'est son contenu en caféine. De plus en plus d'indices tendent à démontrer que la caféine stimule la production de taux plus élevés d'insuline, ce qu'il faut éviter à tout prix. C'est pourquoi je vous recommande de boire seulement du café décaféiné si vous souhaitez perdre du poids. Si vous ne pouvez tout simplement pas envisager la journée sans votre tasse de java, avec caféine, alors je vous en prie allez-y. Mais n'ajoutez pas de sucre – utilisez plutôt un édulcorant – et ajoutez seulement du lait 1 % ou écrémé. J'ai reçu de nombreux courriels de lecteurs à qui le manque de caféine suffit à faire renoncer au régime. Si vous suivez les autres principes du régime I. G., vous pouvez boire votre tasse de café matinale sans que cela vous empêche d'atteindre votre objectif d'amaigrissement.

Les jus et les fruits

Mangez toujours des fruits, plutôt que de boire leur jus. Le jus est un produit transformé qui se digère plus rapidement que le fruit dont il est tiré. La preuve, c'est qu'on donne généralement du jus d'orange aux diabétiques en crise insulinique qui sont dans un état d'hypoglycémie, car c'est le moyen le plus rapide d'amener du glucose dans la circulation sanguine. Un verre de jus contient 2½ plus de calories qu'une orange fraîche entière.

Les céréales

À part le gruau, optez pour les produits à haute teneur en fibres qui contiennent au moins 10 g de fibres par portion. Le son d'avoine est aussi excellent. Bien que ces céréales ne soient pas des plus savoureuses, vous pouvez les agrémenter de fruits frais ou en conserve, de noix ou de yogourt 0 % M. G., non sucré, à saveur de fruits. Vous pouvez également ajouter un édulcorant (mais jamais de sucre).

Le pain grillé

Utilisez toujours du pain qui contient au moins 2½ à 3 g de fibres par tranche. La plupart des listes d'éléments nutritifs sur les emballages de pain donnent le contenu en fibres pour deux tranches. Il doit donc être de 5 à 6 g. N'oubliez pas, cependant, que la portion feu vert est seulement d'*une tranche* par repas. Le pain de blé entier à 100 % moulu sur pierre est un bon choix. Le terme «moulu sur pierre» signifie que la farine a été moulue avec des pierres, plutôt qu'avec des cylindres d'acier, ce qui donne une mouture plus grossière et un I. G. plus faible.

Les produits à tartiner

N'utilisez pas de beurre. Les nouvelles marques haut de gamme de margarine molle non hydrogénée sont acceptables et les versions allégées encore plus, mais n'en consommez pas trop. Pour les confitures, tournez-vous plutôt vers les variétés «double fruit, sans sucre ajouté». Elles ont très bon goût et contiennent peu de calories. La marque Too Good To Be True, de Loblaw, est un très bon achat.

Les œufs

Les œufs entiers sous forme liquide (comme Break Free et Omega Pro), que vous trouverez dans un emballage de carton dans la section des œufs et des produits laitiers à l'épicerie, sont de loin le meilleur choix. Et ce, du fait que les taux de matières grasses et de cholestérol ont été réduits, les œufs liquides sont de formidables produits feu vert. Servez-vous-en pour battre de délicieuses omelettes.

Le bacon

Je suis désolé, mais le bacon ordinaire est un aliment feu rouge. Vous pouvez le remplacer par du bacon de dos, du bacon de dinde et du jambon maigre.

Les produits laitiers

Les produits laitiers maigres sont une excellente source de protéines le matin. Je bois toujours un verre de lait écrémé au petit-déjeuner. Essayez de passer par étapes du lait 2 %

Cher Rick,

Comme bien d'autres, je n'en doute pas, j'ai essayé diverses approches pour perdre du poids et manger plus sainement, mais je me retrouve toujours engagé dans le même combat, mois après mois. Je mettais cela sur le compte de l'âge. Je vieillis, je grossis, je perds des cheveux, mais j'ai plus de poil sur le dos — c'est vraiment un beau tableau. Je ferais mieux de m'arrêter. Après avoir lu votre livre, je comprends mieux beaucoup de choses, et mon attitude s'est améliorée.

Dieu merci, j'adore le gruau et j'en mange tous les matins... Je crois, donc je le fais. Je mange mieux, je fais plus d'exercice, et dans peu de temps j'aurai perdu les cinq kilos qu'il me reste à perdre. Je suis récemment allé dans ma famille pour la fête de mères. Ma belle-sœur m'a dit : « Dan, c'est vraiment curieux. Avant, tu mangeais comme un oiseau, et maintenant que tu dis que tu suis un régime, tu n'arrêtes pas de manger. » Elle avait raison, et c'est drôle, parce que je perds du poids et que je me sens bien. Je vais aller chez ma grand-mère le week-end prochain. Je suis persuadé qu'elle va bien rire lorsqu'elle va me voir arriver avec mon sac de gruau.

Merci, vous avez changé quelque chose dans ma vie.
Dan

au 1 %, puis au lait écrémé. Maintenant, je trouve que le lait 2 % a le goût de la crème !

Les yogourts à faible teneur en matières grasses qui ne contiennent pas de sucre, ainsi que le fromage cottage et le fromage à la crème 1 % ou sans matières grasses sont également d'excellentes sources de protéines. Essayez toutefois d'éviter les autres fromages, parce qu'ils contiennent généralement une importante quantité de gras saturé.

Que manger au dîner

Comme la plupart d'entre nous passons l'heure du dîner en dehors de la maison, au travail ou à l'école, deux choix s'offrent à nous pour ce repas : 1) nous pouvons apporter notre repas, ou 2) nous pouvons manger au restaurant. Dans les deux cas, il est parfaitement faisable de manger des aliments feu vert, mais il y a d'importants principes à respecter.

Apporter son repas

Apporter son repas est la meilleure option pour qui suit le régime I. G. Lorsqu'on prépare soi-même son repas, on est certain que tous les ingrédients sont de la catégorie feu vert. Voici quelques conseils en ce sens.

Les sandwiches

Le sandwich, qui est des plus populaires au dîner, a généralement un I. G. élevé et contient un grand nombre de calories. Toutefois, il est possible de préparer un sandwich feu vert. Premièrement, utilisez une tranche de pain de blé entier à 100 % moulu sur pierre ou de pain à teneur élevée en fibres. Tartinez le pain de moutarde ou d'hoummos (pas de beurre, ni de margarine), et couvrez-le de 110 g de jambon cuit, de poulet, de dinde ou de poisson. Ajoutez au moins trois légumes, comme de la laitue, des tomates, des concombres ou du poivron vert. Et ne couvrez pas le sandwich d'une autre tranche de pain. Mangez-le simplement ouvert. Évitez les sandwiches aux œufs et à la salade de thon, parce qu'ils sont préparés avec de la mayonnaise, aliment qui fait grossir.

Les salades

Les salades sont presque toujours de la catégorie feu vert, mais elles ne contiennent généralement pas assez de protéines. Ajoutez-y des pois chiches ou d'autres types de haricots, du thon, du saumon, du tofu, ou 110 g de poitrine de poulet cuit, sans la peau, ou d'une autre viande maigre. Accordez une attention particulière à la vinaigrette. Choisissez les versions à faible teneur en matières grasses, ou sans matières grasses. Vous trouverez de délicieuses recettes de salades aux pages 157 et suivantes.

Les soupes

En général, les soupes en conserve du commerce ont un I. G. relativement élevé, à cause des hautes températures nécessaires au processus de mise en conserve. Il y a quelques marques feu vert, comme Demande Santé (Healthy Request) de Campbell, Healthy Choice et Too Good To Be True. Les soupes maison préparées avec des ingrédients feu vert sont la meilleure option. Emily vous propose quelques recettes à partir de la page 143. Méfiez-vous des soupes à base de crème ou de purées de légumes, car elles contiennent beaucoup de matières grasses et proviennent d'un lourd processus de transformation.

Les pâtes

En ce qui concerne les pâtes, c'est la quantité qu'il faut surveiller. Votre assiette ne devrait contenir que ¾ de tasse de pâtes de blé entier cuites, ainsi qu'une tasse de légumes, ¼ de tasse de sauce légère et 110 g de poulet ou de charcuterie maigre.

Le fromage cottage et les fruits

Le fromage cottage et les fruits font un repas rapide et facile à apporter au travail. Prévoyez 1 tasse de fromage cottage 1 % et 1 tasse de fruits feu vert.

Le dessert

Mangez toujours des fruits frais pour dessert. Évitez les autres types de sucreries au dîner.

Dîner au restaurant

Vous trouverez à la page 285 une page détachable qui contient des conseils à propos des repas au restaurant. En gros, il vous suffit de commander un plat composé de légumes et d'une source de protéines à faible teneur en matières grasses, comme du poulet ou du poisson. Demandez une plus grosse portion de légumes, à la place des pommes de terre ou du riz, car les restaurants ont tendance à servir les versions feu rouge.

Quant aux restaurants à service rapide, c'est une autre histoire. Comme les aliments qu'on sert dans ces restaurants contiennent beaucoup de gras saturés et de calories, et en général pas un seul gramme de fibres, il est préférable de les éviter. Il est vrai que certaines grandes chaînes de restauration rapide ont récemment commencé à offrir des options à plus faible teneur en matières grasses, mais en allant au restaurant vous entrez dans un repaire de tentations et vous êtes entouré de personnes qui engloutissent leur part habituelle de désastres diététiques. Si vos choix sont limités, voici quelques principes directeurs qui vous aideront à circuler dans ces champs de mines gastronomiques.

Les hamburgers

Enlevez la portion supérieure du pain et ne commandez pas de fromage ou de bacon. Tenez-vous-en au plus simple possible.

Les frites

EN AUCUN CAS. Une portion de frites moyenne chez McDonald's contient 17 g de matières grasses (généralement saturées), environ 50 % de votre allocation quotidienne totale.

Les milk-shakes

EN AUCUN CAS. Les taux de matières grasses saturées et de calories sont stupéfiants.

Les wraps

Le wrap est une solution de remplacement populaire au sandwich traditionnel. Demandez le tortilla de blé entier, s'il y en a, et faites-le couper en deux.

Les sous-marins

Il faut féliciter la chaîne de restauration rapide Subway. Toute sa gamme de produits contient peu de matières grasses. Un sous-marin de blé entier ouvert est la base d'un repas feu vert raisonnable. Évitez le fromage et la mayonnaise, à moins qu'il s'agisse de versions à faible teneur en matières grasses.

Le poisson et les fruits de mer

Le poisson et les fruits de mer sont tous deux d'excellents choix, pourvu qu'il n'y ait pas de pâte à frire ou de chapelure.

Les mets chinois

Je vous conseille d'éviter les restaurants chinois, si vous essayez de maigrir. Le riz est généralement problématique, parce que la plupart des restaurants utilisent un riz glutineux à I. G. élevé, dont les grains ont tendance à coller. Les sauces, particulièrement les aigres-douces, contiennent beaucoup de sucre et les nouilles ont également un I. G. élevé.

Que manger en collation ?

Je n'insisterai jamais assez sur l'importance de prendre trois repas par jour. Les collations jouent un rôle crucial entre les repas, car elles vous donnent de l'énergie au moment où vous en avez le plus besoin. Optez pour les fruits, le yogourt à 0 % M. G., non sucré, le fromage cottage 1 % M. G., les légumes crus, les noix. Voir les recettes de collations proposées par Emily aux pages 247 à 259. Méfiez-vous de certains produits qui, soi-disant, ne contiennent pas de matières grasses ni de sucre, comme les puddings. Malheureusement, ces produits sont généralement faits de grains céréaliers grandement transformés et ils appartiennent à la catégorie feu rouge. Le pudding à base de soya de la marque President's Choice constitue une exception. C'est un produit feu vert et il est délicieux. Vous pouvez également opter pour des barres alimentaires. Choisissez les barres de 50 à 65 g qui contiennent environ 200 calories chacune, 20 à 30 g de glucides, 12 à 15 g de protéines et 5 g de matières grasses. Les barres Balance et Power Protein sont un bon choix, et la marque de Shoppers Drug Mart est le meilleur achat. Les autres ont souvent un I. G. élevé, et elles contiennent beaucoup de calories et de glucides à absorption rapide. Examinez soigneusement les étiquettes.

Que manger au souper ?

Le souper nord-américain typique comprend trois éléments : de la viande ou du poisson ; des pommes de terre, des pâtes alimentaires ou du riz ; et des légumes. La combinaison de ces aliments fournit un mélange de glucides, de protéines et de lipides, de même que d'autres vitamines et minéraux essentiels à notre santé.

La viande et le poisson

La plupart des viandes contiennent des matières grasses saturées. C'est pourquoi il est important d'acheter des coupes maigres ou d'enlever tout le gras visible. Les poitrines de poulet et de dinde sont d'excellents choix *pourvu que la peau soit enlevée*. Le poisson et les fruits de mer (sans chapelure) sont aussi formidables.

Du point de vue de la quantité, la meilleure mesure pour la viande ou le poisson est la paume de la main. La portion devrait approximativement correspondre à la taille de la paume de votre main et avoir environ la même épaisseur. Le jeu de cartes est un autre bon élément de comparaison.

Les pommes de terre

L'I. G. des pommes de terre varie de moyen à élevé, selon le mode de cuisson. Vous devriez manger uniquement des pommes de terre nouvelles bouillies, dont la quantité devrait être limitée à deux ou trois par portion. Les pommes de terre au four, en purée et frites appartiennent toutes à la catégorie feu rouge.

Les pâtes

Bien que les pâtes alimentaires se classent dans la catégorie I. G. moyen et contiennent peu de matières grasses, elles sont suspectes pour le contrôle du poids. Le problème, c'est que nous en mangeons en trop grande quantité. Les Italiens, avec raison, servent les pâtes en entrée ou comme plat d'accompagnement. Pour les Nord-Américains, les pâtes se servent comme plat de résistance avec de la sauce et quelques morceaux de viande. Les pâtes ne devraient constituer que le quart du repas (environ ¾ de tasse de pâtes cuites). Optez pour des pâtes de blé entier ou enrichies de protéines, et évitez les sauces à base de crème.

Le riz

L'I. G. du riz varie considérablement. Les variétés dont l'I. G. est le plus faible sont le riz basmati, le riz sauvage, le riz brun ou le riz à grains longs, parce qu'ils contiennent de l'amylose, un amidon qui se décompose plus lentement que celui des autres riz. Ici encore, la taille de la portion est cruciale. Prévoyez 50 g de riz sec par portion ou ⅔ de tasse de riz cuit.

Les légumes et la salade

Vous pouvez manger autant de légumes et de salades feu vert que vous voulez. Servez deux ou trois variétés de légumes au souper, ainsi que de la salade.

Les desserts

Il existe une grande variété d'options de dessert à I. G. bas et pauvres en calories qui sont très savoureux et bons pour la santé. Presque tous les fruits sont acceptables, et il y a toujours la crème glacée à faible teneur en matières grasses et en sucre. Et attendez d'essayer la Mousse au chocolat d'Emily (page 265) et ses Brownies aux pacanes (page 268)!

Les boissons

Nous savons tous que nous sommes censés boire huit verres de liquide par jour. Personnellement, je trouve cela un peu élevé. J'essaie néanmoins de boire un verre d'eau avant chaque repas et collation. Outre mon besoin d'hydratation, je le fais pour deux motifs : premièrement, en remplissant partiellement mon estomac de liquide avant le repas, je me sens rassasié plus rapidement et je n'éprouve pas la tentation de trop manger ; deuxièmement, je n'ai pas envie de «faire descendre» les aliments avant de les avoir suffisamment mastiqués.

L'eau est sans aucun doute le meilleur choix de boisson, parce qu'elle ne contient pas de calories. Les liquides ne semblent pas déclencher nos mécanismes de satiété, de sorte que c'est vraiment du gaspillage d'absorber des calories en les consommant.

L'alcool est particulièrement désastreux pour le contrôle du poids, parce que l'organisme le métabolise facilement, ce qui entraîne une augmentation de la production d'insuline. Alors essayez de l'éviter. Il est également sage d'éviter les jus de fruits ou de légumes, qui se digèrent rapidement. Si l'eau n'a aucun attrait pour vous, vous avez le choix entre diverses boissons qui ne contiennent pas de calories et contiennent peu de glucides.

Le café

Si vous le pouvez, tenez-vous-en au café décaféiné (voir page 45). N'ajoutez jamais de sucre, et utilisez seulement du lait 1 % M. G. ou du lait écrémé.

Le thé

Le thé noir et le thé vert contiennent beaucoup moins de caféine que le café, et ils contiennent des antioxydants qui sont bénéfiques pour la santé du cœur. Deux tasses de thé contiennent la même quantité d'antioxydants que 7 tasses de jus d'orange ou 20 tasses de jus de pomme ! Donc, le thé est bon avec modération, mais utilisez un édulcorant si vous avez l'habitude d'ajouter du sucre, et du lait 1 % ou du lait écrémé. Les tisanes sont également un bon choix, mais elles ne contiennent pas les antioxydants des thés noir et vert.

Les boissons gazeuses

La plupart des boissons gazeuses contiennent beaucoup de sucre et de caféine. Elles appartiennent donc à la catégorie feu rouge. Optez plutôt pour les boissons gazeuses qui ne contiennent pas de caféine.

Le lait écrémé

Personnellement, ma boisson préférée est le lait écrémé. Il ne contient pas de matières grasses, et comme le dîner est souvent pauvre en protéines, boire du lait écrémé est un bon moyen de corriger cette lacune.

Le lait de soya

Le lait de soya peut être un excellent choix, mais soyez prudent : la plupart des boissons au soya ont non seulement une forte teneur en matières grasses, mais elles contiennent du sucre. Choisissez le lait de soya qui contient peu ou pas de matières grasses, sans parfum de vanille ou de chocolat, et sans sucre ajouté.

Les végétariens

Si vous ne mangez pas de viande et qu'il vous faut perdre du poids, le régime I. G. est le programme qui vous convient. Il vous suffit de continuer à remplacer les protéines animales par des protéines végétales, comme vous le faisiez déjà. Cependant, comme la plupart des sources de protéines végétales, notamment les fèves, sont enrobées de fibres, il est possible que votre système digestif n'en tire pas l'avantage protéinique maximal. Alors, essayez de les compléter avec des stimulants protéiniques faciles à digérer, comme le tofu et les protéines de soya en poudre.

Bon, vous savez maintenant quoi manger et quoi boire, quand et en quelle quantité pour commencer à perdre des kilos ! Dans le prochain chapitre, nous aborderons les étapes de préparation au régime I. G.

CHAPITRE TROIS

Les préparatifs de la phase I

Le régime I. G. consiste en deux phases. La première, la phase I, est vraiment la plus stimulante. C'est la portion amaigrissement du régime, où vous mettez en pratique vos connaissances nouvellement acquises, développez de meilleures habitudes alimentaires, essayez de nouvelles recettes, constatez que votre tour de taille diminue et avez plus d'énergie.

Lorsque vous aurez atteint votre objectif de perte de poids, vous entreprendrez la phase II, un moment grisant. À ce stade, tout ce que vous aurez à faire ce sera de maintenir votre taille svelte, et peut-être de vous acheter de nouveaux vêtements. Vous êtes prêt ? Voici les premières étapes essentielles qui vous permettront d'amorcer la phase I.

Étape 1 : fixez un objectif

Avant de faire quoi que ce soit, notez vos statistiques. Je ne peux imaginer de plus formidable élément de motivation que la mesure du progrès au fur et à mesure que le poids diminue. Vous trouverez à la page 289 un tableau de contrôle, que vous pourrez photocopier et laisserez dans la salle de bains. Vous y noterez vos progrès hebdomadaires. Pesez-vous toujours au même moment chaque jour, parce qu'un repas ou une élimination peuvent fausser votre poids de près d'un kilo. Le matin avant le petit-déjeuner est un bon moment.

Une autre mesure importante à connaître est celle du tour de taille. Elle indique le taux d'adiposité abdominale, ce qui est important pour évaluer la santé, surtout pour la santé du cœur. Les femmes dont le tour de taille est supérieur à 89 cm et les hommes dont il excède les 94 cm font courir un plus grand risque à leur santé. Les femmes dont le tour de taille est supérieur à 94 cm et les hommes, à 101 cm s'exposent à de graves risques de maladie cardiaque et d'accident cérébrovasculaire. Les personnes qui ont un taux très élevé de graisse abdominale, qui sont en forme de pomme – selon les médecins –, courent plus de risques de développer une cardiopathie et un diabète de type 2.

Pour mesurer votre tour de taille, prenez un galon à mesurer et enroulez-le autour de votre taille, juste au-dessus du nombril. Ne cédez pas à la tentation de rentrer le ventre. Restez décontracté et ne tendez pas le ruban de manière à ce qu'il vous coupe la peau. Notez votre poids et la mesure de votre tour de taille sur la feuille de contrôle. J'y ai ajouté une colonne Commentaires, où vous pourrez noter vos impressions, ou n'importe quel événement inhabituel de la semaine précédente susceptible d'avoir influé sur vos progrès. (Des lecteurs m'ont demandé des feuilles de contrôle supplémentaires. Je vous suggère de faire des photocopies avant de commencer.)

Maintenant que vous connaissez votre poids actuel et votre tour de taille, vous devez fixer votre objectif de perte de poids. La meilleure méthode pour le déterminer, c'est l'indice de masse corporelle, ou IMC. Il s'agit de la seule norme internationalement reconnue pour mesurer la graisse corporelle, qui est la seule partie de l'anatomie que nous souhaitons réduire. La table de l'IMC reproduite aux pages 62 et 63 est très facile à utiliser. Repérez votre taille dans la colonne verticale de gauche et suivez le tableau jusqu'à ce que vous atteigniez votre poids actuel, ou le chiffre qui s'en rapproche le plus. Au sommet de cette colonne se trouve votre IMC, qui est une estimation assez juste de la proportion de la masse adipeuse que vous portez, sauf si vous mesurez moins de 1,52 m, que vous êtes une personne âgée ou que vous êtes très musclé (et vous devez être un culturiste convaincu pour vous qualifier). Si l'une ou l'autre de ces caractéristiques s'applique à vous, selon toute probabilité, ces chiffres ne vous concernent pas.

L'IMC idéal se situe entre 20 et 25. Cet écart est toutefois passablement généreux, et vous devriez viser le chiffre le plus bas, de préférence 22. Les valeurs inférieures à 18,5 indiquent une insuffisance pondérale, tandis que celles entre 25 et 29 correspondent à une surcharge pondérale. L'IMC supérieur à 30 indique l'obésité. Placez votre doigt sur le nombre 22 de la ligne de l'IMC dans la grille et descendez jusqu'à ce que vous atteigniez votre taille, qui est indiquée dans la colonne à l'extrême gauche. Le chiffre à cette intersection correspond au poids que vous devriez peser pour atteindre l'IMC que vous visez.

Prenons l'exemple de Sharon, qui mesure 1,68 m et pèse 73 kg. Son IMC actuel est 26, c'est-à-dire 4 crans au-dessus de son objectif de 22. Cela signifie que Sharon doit perdre 11 kg pour ramener son IMC à 22, qui correspond à 62 kg.

En général, il faut compter de trois à six mois pour atteindre l'IMC espéré. Comment arriverai-je à ce chiffre ? Eh bien, 450 g de graisse contiennent environ 3 600 calories. Pour perdre ces 450 g en une semaine, vous devez réduire votre apport calorique d'environ 500 calories par jour (500 x 7 jours = 3 500 calories). Donc, si vous voulez perdre 9 kg, il vous faudra 20 semaines. Si cela vous paraît long, pensez au reste de votre vie. Qu'est-ce que la moitié

INDICE DE MASSE

	NORMAL					SURCHARGE PONDÉRALE						
IMC	19	20	21	**22**	23	24	25	26	27	28	29	30	31
TAILLE						**POIDS (KILOGRAMMES)**						
1,47	41,3	43,5	45,3	47,6	49,9	52,2	54,0	56,2	58,5	60,8	62,6	64,9	67,1
1,50	42,6	44,9	47,1	49,4	51,7	54,0	56,2	58,0	60,3	62,6	64,9	67,1	69,4
1,52	44,0	46,3	48,5	50,8	53,5	55,8	58,0	60,3	62,6	64,9	67,1	69,4	71,7
1,54	45,4	48,0	50,3	52,6	55,3	57,6	59,9	62,1	64,9	67,1	69,4	71,7	74,3
1,57	47,1	49,4	52,1	54,4	57,1	59,4	61,7	64,4	66,7	69,4	71,7	74,3	76,7
1,60	48,5	51,3	53,2	56,2	58,9	61,2	63,9	66,2	68,9	71,7	73,9	76,7	79,4
1,62	49,9	52,6	55,3	58,0	60,8	63,5	65,8	68,5	71,2	73,9	76,7	78,9	81,6
1,65	51,7	54,4	57,2	59,9	62,6	65,3	68,0	70,8	73,5	76,2	78,9	81,6	84,4
1,67	53,5	56,2	58,9	61,7	64,4	67,1	70,3	73,0	75,8	78,5	81,2	84,4	87,0
1,70	54,9	57,6	60,8	63,5	66,2	69,4	72,1	75,3	78,0	80,7	83,9	86,6	89,8
1,73	56,7	59,4	62,6	65,3	68,5	71,7	74,4	77,6	80,3	83,5	86,2	89,4	92,1
1,75	58,1	61,2	64,4	67,6	70,3	73,5	76,7	79,8	82,6	85,7	88,9	92,1	94,8
1,78	59,9	63,0	66,2	69,4	72,6	75,8	78,9	82,1	85,3	88,5	91,6	94,8	98,0
1,80	61,7	64,9	68,0	71,2	74,8	78,0	81,2	84,4	87,5	90,7	94,3	97,5	100,7
1,83	63,5	66,8	69,8	73,5	76,7	80,3	83,5	86,6	90,3	93,4	96,6	100,2	103,4
1,85	65,3	68,5	72,1	75,3	78,9	82,6	85,7	89,4	92,5	96,2	99,3	102,9	106,6
1,88	67,1	70,3	73,9	77,6	81,2	84,4	88,0	91,6	95,3	98,9	102,0	105,7	109,3
1,90	68,9	72,6	76,2	79,8	83,5	87,1	90,7	94,3	98,0	101,6	105,2	108,9	112,5
1,93	70,8	74,4	78,0	81,6	85,7	89,4	93,0	96,6	100,2	104,3	108,0	110,2	115,2

Source : U. S. National Heart, Lung and Blood Institute

CORPORELLE (IMC)

OBÉSITÉ MODÉRÉE								OBÉSITÉ EXTRÊME					
32	33	34	35	36	37	38	39	40	41	42	43	44	45
POIDS (KILOGRAMMES)													
69,4	71,7	73,5	75,8	78,0	80,3	82,1	84,4	86,6	88,9	91,2	93,0	95,3	97,5
71,7	73,9	76,2	78,5	80,7	83,0	85,3	87,5	89,8	92,1	94,3	96,2	98,4	100,7
73,9	76,2	78,9	81,2	83,5	85,7	88,0	90,3	92,5	94,8	97,5	99,8	102,0	104,3
76,7	78,9	81,6	83,9	86,2	88,5	91,1	93,4	95,7	98,4	100,7	103,0	105,2	107,9
79,4	81,6	84,4	86,6	88,9	91,6	93,9	96,6	98,9	101,6	103,9	106,6	108,9	111,6
81,6	84,4	86,6	89,4	92,1	94,3	97,1	99,8	102,1	104,8	107,5	109,8	112,5	115,2
84,4	87,1	89,4	92,5	94,8	97,5	100,2	103,0	105,2	108,0	110,7	113,4	116,1	118,8
87,1	89,8	92,5	95,3	98,0	100,7	103,4	106,1	108,9	111,6	114,3	117,0	119,8	122,5
89,8	92,5	95,3	98,0	101,2	103,9	106,6	109,3	112,,0	114,8	117,9	120,7	123,4	126,1
92,5	95,7	98,4	101,2	104,3	107,0	109,8	112,9	115,7	118,4	121,6	124,3	127,0	130,2
95,3	98,0	101,2	104,3	107,0	110,2	112,9	116,1	118,8	122,0	125,2	127,9	131,1	133,8
98,0	101,2	104,3	107,0	110,2	113,4	116,6	119,3	122,5	125,6	128,8	132,0	134,7	137,9
100,7	103,9	107,0	110,2	113,4	116,6	119,8	122,9	126,1	129,3	132,5	135,6	138,8	142,0
103,9	107,0	110,2	113,4	116,6	120,2	123,4	126,6	129,7	132,9	136,5	139,7	142,9	146,1
106,6	109,8	113,4	117,0	120,2	123,4	126,6	130,2	133,4	137,0	140,2	143,3	147,0	150,1
109,8	113,4	116,6	120,2	123,4	127,0	130,6	133,8	137,0	140,6	144,2	147,4	151,0	154,2
112,9	116,1	119,8	123,4	127,0	130,2	133,8	137,4	141,1	144,7	147,9	151,5	155,1	158,8
116,1	119,8	123,4	126,6	130,2	133,8	137,4	141,1	144,7	148,3	152,0	155,6	159,2	162,8
119,3	122,9	126,6	130,2	133,8	137,9	141,5	145,2	148,8	152,4	156,0	160,1	163,7	167,4

d'une année, comparé aux très nombreuses que vous vivrez ensuite dans un corps svelte et sain ? Il ne s'agit pas d'un régime fade – les régimes fades ne fonctionnent pas. Le régime I. G. est une route saine et infaillible vers une perte de poids permanente. Vous pouvez y arriver ! Passons maintenant à l'étape 2.

Étape 2 : faites le ménage dans vos placards

À ce stade, votre garde-manger et votre réfrigérateur contiennent sans doute encore certains aliments qui appartiennent à la catégorie feu rouge du *Guide alimentaire du régime I. G.* Comment comptez-vous atteindre votre objectif avec toutes ces tentations à portée de main ? Facilitez-vous la vie et faites quelque chose de radical : sortez de votre garde-manger, de votre réfrigérateur et de votre congélateur, tous les aliments feu rouge et feu jaune. Si l'idée de les jeter à la poubelle vous fait frémir, donnez les aliments en conserve et les autres denrées non périssables à une banque alimentaire et le reste à vos voisins, à vos enfants aux études, ou à n'importe laquelle de vos connaissances qui ne vivent pas chez vous. Cela ne signifie pas que vous imposez des privations aux membres de votre famille qui ne sont pas au régime ; il s'agit d'une saine alimentation pour tout le monde. Vous leur rendez service !

Étape 3 : faites les emplettes

Après avoir pris un bon repas, donc à un moment où vous n'avez pas faim, rendez-vous à l'épicerie et faites provision de produits de la catégorie feu vert. Avant de partir, il serait bon de consulter la section des recettes d'Emily Richards un peu plus loin et d'y choisir certains plats nouveaux à essayer. Pour faciliter votre première excursion à l'épicerie, j'ai inclus à la page 283 une liste d'emplettes, que vous pourrez photocopier et apporter à l'épicerie. Vous verrez qu'y figurent des abricots secs; bien qu'ils soient de catégorie feu jaune, vous pouvez les utiliser dans les recettes d'Emily.

J'ai tenté d'énumérer une grande gamme de produits dans le *Guide alimentaire du régime I. G.,* mais il m'aurait naturellement été impossible de mentionner la totalité des milliers de marques offertes en supermarchés.

Lorsque vous avez un doute, lisez les étiquettes et vérifiez trois choses en particulier:

1. Le nombre de calories par portion, en vous assurant que la portion est réaliste. Certains fabricants réduisent la portion pour que la teneur en calories ou en lipides semble inférieure à celle des produits de leurs concurrents.

2. La teneur en lipides, surtout celle des graisses saturées ou des acides gras trans (qu'on appelle généralement hydrogénés), et recherchez un ratio minimal de 3 g de matière grasse poly-insaturée ou mono-insaturée par gramme de matière grasse saturée. La quantité de lipides ne doit pas excéder 10 g par portion.

3. La teneur en fibres, car les aliments fibreux ont un I. G. bas. Optez pour les aliments qui contiennent au moins de 4 à 5 g de fibres par portion. Vous achèterez probablement beaucoup plus de fruits et de légumes qu'auparavant, alors faites preuve d'audace et essayez-en de nouvelles variétés.

Étape 4: adoptez le mode d'alimentation feu vert

Le fait de changer ses habitudes alimentaires demande toujours au départ un peu plus de réflexion et de préparation. Lorsque vous commencerez à manger selon le mode feu vert, vous aurez sans doute besoin de consulter souvent le *Guide alimentaire du régime I. G.* En peu de temps, toutefois, vous choisirez les bons aliments spontanément.

Pour vous aider à commencer le programme plus facilement, je vous recommande de choisir un ou deux des petits-déjeuners standard, que vous pourrez manger chaque jour pendant les deux premières semaines. Cela peut vous paraître ennuyeux, mais vous le faites probablement déjà sans y penser. Peut-être mangez-vous toujours un bol de cornflakes avec des fruits ou un bagel grillé avec du fromage à la crème. Décidez ce que vous allez manger désormais et accordez-vous suffisamment de temps chaque matin pour préparer et manger votre petit-déjeuner. Personnellement, je me réjouis de commencer chaque journée avec un bol de gruau. J'en varie la saveur en ajoutant divers types de yogourts aux fruits, des tranches de fruits ou des petits fruits. Vous trouverez d'autres suggestions de petit-déjeuners aux pages 127 à 141.

Vos habitudes de préparation du souper ne devraient pas changer, mais vos dîners et vos collations, qui se prennent souvent en dehors de la maison, demanderont un peu plus de prévoyance. Comme je l'ai déjà dit, il est possible de manger des aliments feu vert au restaurant, mais il est préférable d'apporter son repas.

Je vous recommande de préparer à l'avance une des soupes proposées dans la section des recettes du présent livre et de la conserver au congélateur dans des contenants en format portion dîner. La veille, vous pouvez également préparer l'une des salades d'Emily. Ou encore vous pouvez augmenter un peu la quantité d'aliments préparés lorsque vous faites le souper et apporter les restes pour le dîner du lendemain.

Prenez la peine de planifier aussi vos collations. Gardez toujours des provisions suffisantes de collations prêtes-à-manger comme du yogourt aux fruits, du fromage cottage, des barres nutritives, des fruits et des noix à la maison, au travail, dans votre sac à main et dans la voiture. Préparez à

Cher Rick,

J'ai un diabète type 2, de l'hypertension et 45 kg de trop. Mon mari a récemment appris que son taux de cholestérol est élevé et il doit perdre environ 12 kg. Nous avons pris le temps de vider notre réfrigérateur et notre garde-manger et, armés de votre excellent guide d'emplettes, nous avons acheté les aliments dont nous croyions avoir besoin pour la première semaine de régime. J'ai rédigé un aide-mémoire de trois pages contenant des suggestions pour le petit-déjeuner, le dîner, le souper et les collations, et je l'ai affiché dans la cuisine.

Nous avons commencé à bien manger il y a exactement huit semaines. Mon mari a perdu 9 kg et il attend le résultat de son test de cholestérol. J'ai perdu 7 kg et quelques centimètres de tour de taille. Mais le plus extraordinaire, c'est que ma glycémie est redevenue normale... Mon médecin dit que si les choses continuent en ce sens, il est possible que je puisse me passer complètement d'insuline. Pendant mon examen médical de la semaine dernière, nous avons découvert que ma tension artérielle était normale pour la première fois depuis des années.

C'est la première fois que je ne souffre pas de la faim pendant que j'essaie de perdre du poids. J'ai connu beaucoup de difficultés, mais vos conseils, particulièrement sur les repas au restaurant, m'ont beaucoup facilité les choses. Je garde des pommes, du yogourt et des amandes dans mes deux lieux de travail, et j'ai toujours une barre alimentaire et des tablettes de glucose dans mon sac à main, au cas où je devrais sauter une collation parce que je suis trop occupée.

> J'ai parlé de votre merveilleux livre à au moins 10 personnes. Elles perdent toutes du poids et elles se sentent très bien. Merci d'avoir facilité la vie à de nombreuses personnes impatientes d'essayer quelque chose et de réussir.
>
> Sincèrement
> Margie

l'avance d'autres collations feu vert, comme les muffins au son, aux canneberges et à la cannelle d'Emily, et congelez-les. Vous pourrez les laisser décongeler dans votre sac-repas, ou les faire décongeler au four à micro-ondes. Avec un peu de préparation, vous aurez toujours sous la main les bons aliments lorsque d'inévitables tiraillements d'estomac se feront sentir. Cela contribuera grandement à votre succès dans la poursuite du régime.

Étape 5 : intégrez de l'exercice à votre routine

L'alimentation a un effet beaucoup plus considérable sur la perte de poids que l'exercice. Pour avoir une idée de la quantité d'exercice nécessaire pour perdre seulement un demi-kilo, consultez la grille ci-dessous.

Le programme d'exercice seul ne suffit pas pour vous permettre d'atteindre votre objectif de poids, même si vous êtes un athlète côté sexe ! L'exercice est toutefois un facteur important dans le maintien du poids souhaité. Par exemple, si vous marchiez d'un bon pas une demi-heure chaque jour pendant un an, vous brûleriez l'équivalent de 9 kg de graisse. L'exercice accélère votre métabolisme, le rythme auquel vous brûlez les calories, même lorsque vous avez fini de le faire ! De plus, il édifie la masse musculaire, et plus on a de gros muscles, plus ceux-ci utilisent d'énergie (de calories). Alors, commencez à marcher, à faire de la bicyclette, à

	EFFORT NÉCESSAIRE POUR PERDRE 450 G	
	Personne de 60 kg	Personne de 72 kg
Marche (6,43 km/h)	85 km	67 km
Course (5 min/km)	58 km	46 km
Bicyclette (19-22 km/h)	154 km	127 km
Sexe (effort modéré)	79 fois	64 fois

soulever des poids, à faire des exercices avec résistance ou à faire du sport tout simplement. En plus de vous aider dans vos efforts pour maigrir, cela réduira considérablement vos risques de souffrir de maladies cardiaques, d'accidents cérébrovasculaires, de diabète et d'ostéoporose.

Ces cinq étapes vous mettront sur la bonne voie pour atteindre votre objectif. Ne vous étonnez pas si vous perdez plus d'un demi-kilo par semaine les premières semaines, pendant que votre corps s'adapte au nouveau régime. La majeure partie de ce poids sera de l'eau, pas de la graisse. N'oubliez pas que 70 % du corps est constitué d'eau. Et je vous en prie, ne vous inquiétez pas si vous «trichez» un peu. Il est important que vous n'ayez pas l'impression de vivre dans une camisole de force. Personnellement, je respecte le programme environ 90 % du temps. Le fait est que je me sens mieux et que j'ai plus d'énergie lorsque je suis le programme. Il en sera de même pour vous. Essayez toutefois de réduire vos écarts au minimum, car ils vont différer le moment où vous atteindrez votre objectif. Lorsque vous aurez atteint votre poids cible, vous pourrez vous accorder plus de latitude dans la phase II.

CHAPITRE QUATRE

La phase II

Lorsque vous êtes prêt à commencer la phase II du régime I. G., vous méritez de chaleureuses félicitations : vous avez atteint votre objectif de perte de poids ! Parce que vous avez respecté les principes du programme, votre apparence s'est améliorée et vous vous sentez mieux. Tout ce qu'il vous reste à faire, c'est de maintenir votre nouveau poids. Bien que cette nouvelle phase soit beaucoup moins exigeante, le maintien du poids peut comporter des difficultés. En fait, les personnes qui, dans le passé, ont perdu du poids et l'ont repris peuvent considérer la phase II comme une perspective décourageante. J'ai récemment reçu un courriel d'une lectrice qui avait perdu 20 kg en seulement 6 mois grâce au régime I. G. Bien qu'elle ait atteint son IMC idéal de 22, elle était terrifiée à l'idée de passer à la phase II ; elle craignait de reprendre le poids perdu. Les statistiques indiquent que 95 % des personnes qui perdent du poids grâce à un régime le reprennent. Avant de vous laisser aller au découragement, sachez que les principaux responsables de ces statistiques désastreuses sont les régimes eux-mêmes.

La vérité, c'est que tous les régimes font maigrir. Bien sûr, ils peuvent être mauvais pour la santé et vous faire crever de faim, mais si vous les respectez, vous maigrissez. Le problème, c'est que presque aucun des régimes, contrairement au régime I. G., n'est viable. Et la recherche nous indique que cela tient à trois facteurs fondamentaux :

1. Les régimes sont trop complexes, rédigés dans un jargon incompréhensible et obligent les personnes qui les suivent à compter les calories et à mesurer et peser les portions.
2. Les personnes qui suivent des régimes se sentent constamment affamées et insatisfaites, et elles n'ont pas envie de continuer.
3. Les personnes qui suivent des régimes ne se sentent pas bien parce que ceux-ci ont un effet néfaste sur leur santé. De nombreux régimes, sinon tous, sont susceptibles de causer un préjudice à la santé.

De toute évidence, il est presque impossible de suivre un régime qui présente l'une ou l'autre des caractéristiques précédentes. C'est pourquoi j'ai délibérément conçu le régime I. G. pour aborder chacun de ces problèmes de front. Premièrement, le programme est la simplicité même. Vous n'avez pas à déterminer le nombre de calories de tous les aliments que vous mangez. Si vous pouvez respecter les feux de circulation, vous pouvez suivre ce régime. Deuxièmement, si vous mangez tous les repas et les collations recommandés, vous n'aurez pas faim et vous n'éprouverez pas de sentiment de frustration. C'est principalement pour cela que les gens sont capables de suivre ce régime. Troisièmement, non seulement ce programme ne nuit pas à votre santé, mais il lui est bénéfique. Comme le régime I. G. comprend des grains entiers, des fruits et des légumes, des produits laitiers à faible teneur en matières grasses, des protéines et des gras bénéfiques, il protège mieux contre les principales maladies contemporaines, comme les maladies cardiaques et les accidents cérébrovasculaires, le diabète, la maladie d'Alzheimer et plusieurs formes de cancer.

En résumé, le régime I. G. règle les principaux problèmes à l'origine des échecs des autres régimes. Et je vous garantis que vous vous sentirez mieux que jamais en suivant ce régime.

Cela peut être difficile à croire, mais lorsque j'ai atteint mon poids cible, après avoir perdu 10 kg, j'ai dû faire un effort de volonté pour manger plus, afin d'éviter de continuer de maigrir. Ma femme disait que j'entrais dans la « zone des traits tirés ». Dans la phase II, vous devez manger plus que vous le faisiez dans la phase amaigrissement du régime pour maintenir votre nouveau poids. Rappelez-vous l'équation : pour que le poids reste stable, l'énergie alimentaire ingérée doit être égale à l'énergie dépensée. Je dois toutefois vous faire une mise en garde. Vous aurez besoin de beaucoup moins de calories qu'avant d'avoir amorcé le régime. Premièrement, parce que votre corps s'est habitué à fonctionner avec moins de calories et qu'il s'est adapté à la situation jusqu'à un certain point. Votre corps est donc plus efficace qu'il ne l'était en cette sombre époque de surpoids. Deuxièmement, votre nouveau corps plus mince demande moins de calories pour fonctionner. Par exemple, si vous avez perdu 10 % de votre poids, votre corps a besoin de 10 % de calories en moins.

La plus grosse erreur commise par la plupart des personnes à la fin d'un régime consiste à présumer qu'elles peuvent se remettre à manger comme avant. En réalité, vous n'avez besoin que d'une faible augmentation d'énergie alimentaire pour équilibrer l'équation alimentation/dépense d'énergie. Vous seul pouvez déterminer le degré d'augmentation nécessaire. Essayez d'augmenter légèrement les portions ou d'ajouter des aliments de la catégorie feu jaune à vos repas. Continuez de vous peser chaque semaine. Et si vous constatez que vous reprenez du poids, éliminez un peu d'aliments de la catégorie feu jaune ; si vous continuez de maigrir, mangez un peu plus ; si votre poids demeure stable, vous avez atteint l'équilibre magique et c'est ainsi que vous mangerez jusqu'à la fin de vos jours. Vous saurez ce dont votre corps a besoin et vous n'aurez plus besoin de vous peser aussi souvent. Vous n'éprouverez pas d'épisodes hypoglycémiques et vous n'aurez plus de rage d'aliments vides. Vous pourrez même tricher à l'occasion sans reprendre de kilos. Vous contrôlerez votre poids.

Voici quelques suggestions sur la façon dont vous pourrez modifier votre alimentation dans la phase II :

Au petit-déjeuner
- Augmentez la portion de céréales, par exemple de ½ à ⅔ de tasse de gruau.
- Ajoutez une rôtie de pain de blé entier à 100 % et une coquille de margarine.
- Doublez la quantité d'amandes tranchées dans les céréales.
- Prenez une tranche supplémentaire de bacon de dos.
- Prenez un verre de jus à l'occasion.
- Ajoutez l'un des fruits interdits – une banane ou des abricots – à vos céréales.

Au dîner
Je vous conseille de continuer de suivre les indications de la phase I au dîner. C'est le seul repas qui admet certains compromis dans la phase amaigrissement du programme, parce que c'est en général un repas que nous achetons chaque jour.

Au souper
- Ajoutez une autre pomme de terre nouvelle bouillie (de deux ou trois à trois ou quatre).
- Augmentez la portion de riz ou de pâtes de ¾ de tasse à 1 tasse.

Cher Rick,

C'est un régime fantastique, si l'on peut appeler ça un régime. Pour moi, c'est simplement une façon différente de manger. Une façon très simple et logique. Pendant des années, j'ai lentement pris du poids en me demandant pourquoi, puis ce livre me l'a expliqué. J'étais devenu dépendant des glucides et je mangeais constamment des aliments transformés. J'avais essayé de manger sainement, j'ai même été végétarien pendant plusieurs années, mais je constatais que je continuais de grossir lentement, mais sûrement. Puis, je suis tombé sur *Le Régime I. G.* dans une librairie, et j'ai commencé à le feuilleter. Tout y était tellement logique.

Jusqu'à présent, je suis ce soi-disant régime depuis un peu plus d'un mois et j'ai perdu 7 kg. Je mesure 1,80 m et je pesais 93 kg – j'étais sur le point de devenir obèse. Maintenant je pèse 86 kg et je n'ai même pas encore commencé à faire de l'exercice… Mes habitudes alimentaires ont considérablement changé. Je crois que le principal avantage de ce régime, c'est qu'il me donne la capacité de reconnaître quand j'ai suffisamment mangé. J'avais l'habitude de toujours trop manger, parce que je ne me sentais pas vraiment repu. Maintenant, je me sens pratiquement toujours rassasié, même quand vient le moment de manger. Il m'en faut beaucoup moins pour éprouver la satiété.

J'en suis venu au point où je suis presque toujours déçu lorsque j'essaie de m'offrir une gâterie, parce que mes goûts ont changé. Je crois fermement que tous les régimes ne conviennent pas à tout le monde, mais celui-là me convient parfaitement !

Phil

- Mangez une tranche de steak de 170 g, plutôt que de 110 g.
- Mangez quelques olives et quelques noix de plus.
- Offrez-vous un épi de maïs avec une coquille de margarine non hydrogénée.
- Buvez un verre de vin rouge avec votre repas.

À l'heure de la collation

- Mangez du maïs soufflé à faible teneur en matières grasses, cuit au micro-ondes (pas plus de 2 tasses).
- Offrez-vous un ou deux carrés de chocolat mi-amer (voir ci-dessous).
- Mangez une banane.
- Régalez-vous d'une boule de crème glacée à faible teneur en matières grasses.

Le chocolat

Le chocolat, ce délice riche et succulent, est la première chose que les amateurs voudront réintégrer dans leur régime. Et c'est possible. Choisissez le chocolat à forte teneur en cacao (au moins 70 %), parce qu'il procure une plus grande satisfaction chocolatée par gramme, et n'en consommez qu'un ou deux carrés à l'occasion. Comme le chocolat contient de grandes quantités de graisses saturées et de sucre, il fait grossir. Toutefois, un ou deux carrés de temps en temps ne vous causeront pas d'ennuis. Il vous suffit de deux carrés, dégustés ou dissous lentement dans la bouche, pour jouir du goût et obtenir la dose dont vous avez besoin.

L'alcool

Dans la phase II, la consommation quotidienne d'un verre de vin, de préférence rouge et pendant le souper, est non seulement permise, mais encouragée! Le vin rouge est particulièrement riche en flavonoïdes et, lorsqu'on le consomme modérément (un verre par jour), il réduit les risques de maladies cardiaques et d'accidents vasculaires cérébraux.

Qu'en est-il de la bière ? Malheureusement pour les amateurs de bière, dont je suis, il s'agit d'une boisson à I. G. élevé à cause de sa haute teneur en malt. Il m'arrive tout de même de m'en offrir un verre à l'occasion. La sagesse est de mise à ce chapitre. Si vous consommez de l'alcool, faites-le toujours avec votre repas. La nourriture en ralentit l'absorption et en atténue l'effet.

Compte tenu des nouvelles options qui vous sont offertes dans la phase II, vous aurez peut-être la tentation d'exagérer. N'oubliez pas de continuer de vous peser toutes les semaines lorsque vous commencerez, afin de trouver votre point d'équilibre. Lorsque ce sera fait, manger en quantité appropriée deviendra une seconde nature pour vous. Vous verrez que la phase II est un mode de vie facile et naturel, et que nombre des aliments à haute teneur en matières grasses dont vous ne pensiez pas pouvoir vous passer seront devenus indésirables à vos yeux.

Deuxième partie

Le régime I. G., un mode de vie

CHAPITRE CINQ

Quelques conseils utiles

À ce stade, il est plus que probable que vous vous êtes engagé à respecter les principes du régime I. G. et à perdre du poids pour de bon. Vous avez peut-être terminé les cinq étapes essentielles de préparation et avez commencé à maigrir. Peut-être suivez-vous le régime depuis plusieurs mois et avez-vous constaté des résultats substantiels ? Quel que soit le stade où l'on se trouve, il est inévitable de rencontrer les obstacles associés aux régimes, qui mettent à l'épreuve la plus ferme détermination. Les rages alimentaires, les fêtes, les vacances et l'enthousiasme défaillant mettent tous en péril notre détermination à manger sainement. Dans le présent chapitre, je vous donne quelques conseils pour surmonter les dangers qui vous guettent.

Les rages alimentaires

Ce qui rend l'amaigrissement particulièrement difficile, c'est notre tendance à aimer manger des aliments qui font grossir, comme le chocolat, les biscuits, la crème glacée, le beurre d'arachides, les croustilles, et ainsi de suite. Une chose importante à se rappeler à propos des rages alimentaires, c'est que nous sommes humains et qu'il est naturel de succomber à la tentation de temps à autre. Ne vous sentez pas coupable.

Si vous «trichez», vous ne gâchez pas complètement votre régime en baissant les bras. Vous empruntez simplement une petite déviation temporaire sur le chemin des saines habitudes alimentaires. Si vous mangez un petit morceau de gâteau au chocolat après le dîner ou que vous buvez une bière avec les copains en regardant la partie de hockey, prenez la peine de savourer cet excès en mangeant et en buvant lentement. Profitez-en! Puis, remettez-vous sur la bonne voie dès le lendemain avec un petit-déjeuner feu vert et restez dans le droit chemin pendant les deux semaines suivantes. Vous continuerez à perdre du poids, et c'est ce qui est important.

L'un de mes amis, qui est cardiologue, se permet quelques «jours rouges» chaque mois. Ce sont des jours où il sait qu'il s'est écarté des principes du régime I. G. Pour éviter que les jours rouges deviennent habituels, il les surveille en les notant sur son calendrier.

Le régime I. G. lui-même contribue à prévenir les écarts de deux manières. Premièrement, vous constaterez, après avoir suivi le programme pendant quelques semaines, que vous avez développé un système d'avertissement interne : vous ne vous sentirez pas bien physiquement lorsque vous mangerez un aliment feu rouge, parce que votre glycémie connaîtra une hausse suivie d'une plongée. Vous vous sentirez gonflé, mal dans votre peau et léthargique, et vous aurez peut-être même mal à la tête, ce qui vous dissuadera de vous égarer en territoire feu rouge. Deuxièmement, comme vous prenez trois repas et trois collations par jour, vous n'aurez pas faim entre les repas. Si vous en omettez un, vous aurez probablement envie de manger des aliments interdits. Donc, faites en sorte de manger chaque jour tous les repas et toutes les collations recommandés.

Malgré le système d'avertissement intégré du régime, il y aura des moments où vous céderez à une envie. Que faire ? Eh bien, vous pourrez essayer de remplacer l'aliment feu

Cher Rick,

Merci beaucoup de m'avoir rendu ma vie ! Quand j'ai entendu parler de votre livre, je me suis dit que j'y jetterais un coup d'œil, mais qu'il aboutirait sans doute sur une tablette de ma bibliothèque avec tous les autres livres que j'ai sur les régimes. J'avais bien tort. Je pesais 108 kg il y a 8 semaines et j'en pèse maintenant 95. Étonnamment, je porte maintenant des robes de deux tailles de moins. Le plus étrange, c'est que si je n'avais pas à renoncer à l'obligatoire pomme de terre à chaque repas, j'aurais l'impression de ne pas avoir encore commencé le régime.

Je me sens merveilleusement bien : j'ai suffisamment d'énergie pour toute la journée sans avoir à faire de sieste et mon mari ne me lâche plus. Mon médecin est stupéfait de mes progrès et il va recommander ce régime à ses autres patients obèses.

Après avoir passé la majeure partie de ma vie à manger avec excès, à manger pour me réconforter, bref à maltraiter considérablement mon corps, il se peut que, à 32 ans, je découvre en moi une personne mince ! Je sais qu'il me reste encore 25 kg à perdre pour atteindre un poids « acceptable » dans le sens stéréotypé, mais cette fois cela ne me fait pas peur. Merci encore de m'avoir aidée à reconquérir ma vie (et mon corps) !

Maeve

rouge auquel vous pensez par un aliment feu vert. Si vous avez envie d'une chose sucrée, prenez un fruit, de la compote de pommes, du yogourt à 0 % M. G. non sucré, de la crème glacée à faible teneur en matières grasses sans sucre ajouté, n'importe laquelle des recettes de dessert d'Emily, une barre alimentaire ou une boisson gazeuse sans caféine.

Si c'est le salé et le croquant qui vous tenaillent, essayez un cornichon ou les Pois chiches séchés d'Emily (page 247). Vous pouvez également préparer la Trempette à la sauge, à la tomate et aux haricots blancs (page 248) et en manger avec des morceaux de céleri.

Dans la phase I, vous pouvez soulager votre rage de chocolat avec une barre alimentaire à saveur de chocolat, du chocolat instantané léger ou la Mousse au chocolat (page 265) ou les Brownies aux pacanes d'Emily (page 268). Comme vous voyez, il existe de nombreuses versions feu vert des aliments vers lesquels nous nous tournons lorsque nous avons des envies irrésistibles.

Parfois, cependant, il n'existe pas de succédané à ces aliments qui nous manquent. J'ai reçu de nombreux courriels de lecteurs qui adorent le beurre d'arachides et affirment ne pouvoir vivre sans lui. Dans ce cas, il faut choisir le produit le plus nutritif sur le marché – la variété naturelle faite d'arachides seulement et qui ne contient pas d'additifs comme du sucre – et n'en manger qu'une cuillerée à soupe de temps en temps. Il est préférable de consommer les bons gras que contiennent les arachides, plutôt que les substances de remplissage feu rouge que l'on trouve dans les variétés industrielles. Ne faites pas l'erreur de croire que les versions « légères » sont meilleures pour la santé. La quantité d'arachides dans ces produits a été réduite et on y a ajouté du sucre et de l'amidon de remplissage. Rappelez-vous que plus vous consommerez d'aliments feu rouge, plus vous mettrez de temps à atteindre l'IMC que vous visez.

Les fêtes et les célébrations

Nous savons tous combien il faut de détermination et de bon sens pour nous engager dans un nouveau programme d'amaigrissement, et combien il faut de dynamisme pour nettoyer nos armoires, aller faire les emplettes et adopter un mode d'alimentation qui nous est étranger. C'est pourquoi, lorsque nous avons traversé toutes ces étapes, la dernière chose que nous souhaitons, c'est de voir une fête quelconque venir nous mettre des bâtons dans les roues. Les fêtes de Noël, de l'Action de grâce, de Pâques, etc., ont toutes une chose en commun : de la nourriture en abondance. Les fêtes sont généralement centrées sur des festins et des mets traditionnels. Néanmoins, vous n'êtes pas obligé de jeter les principes du régime I. G. par-dessus bord. Vous pouvez demeurer dans la zone feu vert et tout de même passer de joyeuses fêtes.

Si c'est vous qui recevez, vous aurez la possibilité de décider quels types d'aliments seront servis. Pensez à ce que vous mangeriez normalement à l'occasion de la fête et cherchez des versions de remplacement feu vert. Par exemple, si vous mangez normalement de la dinde rôtie avec une farce à base de pain, préparez une dinde rôtie avec une farce au riz sauvage ou basmati. Si vous préparez toujours de la marmelade de canneberges avec du sucre, préparez-la avec un succédané de sucre. Ma femme, Ruth, et moi ajoutons toujours des amandes effilées et des morceaux d'orange dans la marmelade de canneberges : c'est délicieux ! Il ne manque pas de légumes feu vert à servir en guise de plats d'accompagnement, et pour dessert des poires pochées ou un pavlova aux petits fruits conviennent parfaitement. Vous pouvez préparer un festin feu vert de l'entrée au dessert sans même que vos invités s'en rendent compte.

Si vous êtes invité pour les fêtes, vous n'aurez évidemment pas le même contrôle sur le menu. Vous pourriez alléger la tâche de votre hôte en lui offrant d'apporter un plat de légumes d'accompagnement ou un dessert – de la catégorie feu vert naturellement. Une fois à table, essayez de composer votre assiette comme vous le feriez à la maison :

les légumes occupent la moitié de l'assiette, le riz ou les pâtes, le quart, et une source de protéines, l'autre quart. Évitez le pain et les pommes de terre en purée ; prenez plutôt une plus grosse portion de légumes. Si vous le voulez, vous pouvez vous offrir le luxe de prendre une petite portion de dessert. Les personnes qui ne sont pas particulièrement friandes de sucreries peuvent prendre un verre de vin à la place. Dans un cas comme dans l'autre, évitez les excès.

Les cocktails peuvent également être des occasions feu vert agréables. Plutôt que de boire de l'alcool, prenez un verre d'eau minérale avec un morceau de citron ou une boisson gazeuse diète sans caféine. Si vous voulez vraiment prendre de l'alcool, n'en prenez qu'un verre et essayez de choisir l'option la moins feu rouge. Le meilleur choix est un verre de vin rouge ou un vin blanc panaché, moitié vin blanc et moitié eau gazeuse. Faites en sorte de consommer l'alcool avec de la nourriture pour en ralentir le rythme de métabolisation.

La bière a un I. G. très élevé, alors c'est une véritable concession. Prenez-en une si vous en avez vraiment envie, mais tenez-vous-en à une seule. D'autres boissons ont également un I. G. élevé et contiennent beaucoup de calories.

Si c'est vous qui organisez le cocktail, vous pouvez servir des hors-d'œuvre strictement feu vert. Servez des tranches de dinde et du jambon cuit maigre avec diverses variétés de moutarde. Servez des légumes crus avec des trempettes à faible teneur en matières grasses et de la salsa. L'hoummos avec des quartiers de pita de blé entier, du saumon fumé ou du caviar sur des tranches de concombre, de la salade de crabe sur des pois mange-tout, des brochettes de bœuf ou de poulet, des boulettes de viande préparées avec du bœuf haché extra-maigre et des sashimi avec de la sauce de soya constituent de merveilleux hors-d'œuvre dont tout le monde se régalera. Vous pouvez également préparer des bols de noix et d'olives, mais faites attention de n'en manger que quelques-unes. Mais ne restez pas trop près : il est trop tentant de grignoter sans arrêt en bavardant avec les invités. N'oubliez pas de disposer joliment dans une assiette une grande variété de fruits feu vert.

Si l'on vous invite à un cocktail, prenez un repas feu vert avant de vous y rendre, de manière à ne pas avoir la tentation de trop manger. Puis, choisissez des hors-d'œuvre à I. G. faible, et amusez-vous avec les amis et la famille.

Les vacances et les repas au restaurant

Généralement, quand on part en vacances, on prend tous ses repas au restaurant, sauf si l'on passe une semaine dans un chalet ou une maison au bord de la mer, auquel cas on peut cuisiner soi-même. Il n'est toutefois pas si difficile de mettre les principes du régime I. G. en pratique à l'occasion des repas au restaurant. La première chose à faire, c'est de demander au serveur de ne pas laisser le panier de pain habituel sur la table. S'il n'est pas là, vous n'aurez pas la tentation d'en manger.

Commandez une salade verte pour commencer et choisissez une vinaigrette à faible teneur en matières grasses à part. Vous pourrez ainsi en contrôler la quantité utilisée. Les salades ont un I. G. très peu élevé (lorsqu'elles sont préparées avec des ingrédients à I. G. faible) et elles nous comblent en attendant le plat principal, de sorte que nous n'avons pas la tentation de trop manger. Commandez ensuite un plat qui comprend une source de protéines à faible teneur en matières grasses. Comme les pommes de terre nouvelles bouillies sont rarement offertes et qu'on ne peut pas savoir avec certitude quel type de riz est utilisé, il est préférable de demander une double portion de légumes. Je l'ai demandé dans des centaines de restaurants et on ne me l'a jamais refusé. J'ai inclus à la page 285 un résumé de conseils utiles pour les repas au restaurant, que vous pourrez photocopier et garder dans votre portefeuille ou votre sac à main.

Lorsque votre repas arrive, mangez lentement. Il existe un lien très net entre la rapidité avec laquelle nous mangeons et notre sensation de satiété. L'estomac peut prendre de 20 à 30 minutes à faire savoir au cerveau qu'il est bien rempli. Il est donc possible d'ingurgiter plus d'aliments que nécessaire avant que le cerveau dise d'arrêter.

L'autre jour, un ami médecin a observé que l'un des traits communs de ses collègues médecins qui ont des kilos en trop est qu'ils ont tendance à dévorer leur nourriture. Il s'est dit que cette habitude venait probablement de l'époque où ils étaient internes, débordés de travail et qu'ils devaient manger rapidement dans l'atmosphère trépidante de l'hôpital. Le célèbre médecin Samuel Johnson recommandait au XVIIIe siècle de mâcher les aliments 32 fois avant de les avaler! C'est sans doute exagéré, mais, à tout le moins, déposez votre fourchette entre chaque bouchée. Si vous savourez les aliments en les mangeant plus lentement, vous éprouverez une plus grande satisfaction lorsque vous quitterez la table. Vous serez étonné de la différence que cela fait.

Ce n'est pas parce que vous êtes en vacances que vous ne devez pas continuer de manger trois repas et trois collations par jour. Mettez dans votre valise quelques collations feu vert à apporter, comme des barres alimentaires, des noix et d'autres collations non périssables. Lorsque vous serez à destination, vous pourrez acheter du yogourt à 0 % M. G. et sans sucre, des fruits, du fromage cottage à faible teneur en matières grasses et de la compote de pommes pour vos collations. Évitez les petits-déjeuners continentaux offerts dans certains hôtels. Ils se composent généralement d'aliments feu rouge et ont une très faible valeur nutritive. Une bonne solution consiste à acheter des fruits, des céréales feu vert et du lait dans un supermarché et de prendre le petit-déjeuner dans sa chambre d'hôtel.

Si vous faites le trajet en voiture ou que vous faites un long voyage en automobile, la restauration rapide est peut-être la seule possibilité qui s'offre à vous sur l'autoroute. Si vous le pouvez, apportez quelques repas et collations feu vert pour ne pas avoir à vous arrêter pour manger. Autrement, j'ai formulé aux pages 51 et 52 quelques conseils concernant les comptoirs de restauration rapide.

Rester motivé

Les programmes d'amaigrissement demandent du temps et de la patience. S'il vous a fallu 5 ans pour prendre 10 kg, comment pouvez-vous espérer les perdre en moins d'un mois ? La plupart des gens ont tendance à perdre leurs premiers kilos très rapidement. Puis, à mesure que le corps s'adapte à la nouvelle alimentation, il se peut qu'il n'y ait aucune perte de poids durant une semaine, tandis qu'une perte d'un ou deux kilos se produit d'autres semaines. Rappelez-vous que c'est la moyenne qui compte et que vous devriez viser une moyenne d'*un demi-kilo* par semaine. Comment rester motivé durant la période nécessaire pour atteindre l'IMC visé ? Dans mon premier livre, j'ai énuméré quelques conseils qu'il vaut la peine de reproduire ici.

1. Notez vos progrès toutes les semaines. Rien n'est plus motivant que le succès.
2. Prévoyez un système de récompense. Achetez-vous un petit cadeau lorsque vous atteignez un objectif de poids prédéterminé – par exemple, un cadeau chaque fois que vous perdez 1,5 kg.

3. Désignez des membres de votre famille ou des amis qui vous épauleront. Persuadez-les de participer activement à votre programme. Mieux encore, trouvez un ami qui suivra le programme avec vous, de sorte que vous puissiez vous encourager mutuellement.

4. Évitez les connaissances et les lieux susceptibles de favoriser vos anciens comportements. Vous savez qui je veux dire !

5. Essayez de prévoir chaque semaine ce qu'un ami appelle une journée « cure ». Il s'agit d'une journée où vous respectez *plus scrupuleusement* votre programme. Cela vous donne des crédits d'amaigrissement supplémentaires dans lesquels vous pourrez puiser lorsque se produira l'inévitable rechute.

6. Consultez le site www.gidiet.com pour profiter des expériences d'autres personnes, partager les vôtres et vous tenir au courant des nouveautés.

Votre santé

Si votre enthousiasme commence à faiblir, essayez de vous rappeler ce que vous pensiez ou ce que vous ressentiez le jour où vous avez décidé d'entreprendre le régime I. G. Vous vous sentiez peut-être excédé et souhaitiez être mince. Vous vous inquiétiez probablement pour votre santé. Et avec raison. Plus vous avez de kilos en trop, plus vous êtes susceptible de subir une crise cardiaque ou un accident cérébrovasculaire, de faire du diabète, et d'augmenter vos risques de contracter divers cancers.

Les deux facteurs qui relient les maladies du cœur et les accidents cérébrovasculaires à l'alimentation sont le cholestérol et l'hypertension artérielle. Le taux élevé de cholestérol est le principal ingrédient de la plaque qui peut se former dans les artères et couper l'approvisionnement de sang au cœur (ce qui cause la crise cardiaque) ou au cerveau (ce qui cause l'accident cérébrovasculaire). L'hypertension perturbe le système artériel, le fait vieillir et se détériorer plus rapidement, ce qui finit par endommager les artères et causer des caillots, des crises cardiaques ou des maladies cérébrovasculaires. L'obésité a une influence considérable sur l'hypertension. Une étude canadienne réalisée en 1997 a conclu que les adultes obèses âgés de 18 à 55 ans présentent un risque de 5 à 13 fois plus grand de souffrir d'hypertension que ceux qui ne le sont pas.

Le diabète est un cousin bien obligeant de la cardiopathie. En effet, plus de gens meurent de complications cardiaques attribuables au diabète que du diabète lui-même. Et l'incidence du diabète monte en flèche : on s'attend à ce qu'elle double dans les 10 prochaines années.

Les principales causes de la forme la plus courante du diabète, de type 2, sont l'obésité et le manque d'exercice. L'épidémie actuelle est en forte corrélation avec la tendance relative à l'obésité.

On a également établi un lien entre le surplus de poids et le cancer. Un rapport mondial récent de l'American Institute for Cancer Research a conclu que 30 à 40 % des cancers ont un rapport direct avec les choix alimentaires. Le rapport recommande principalement aux gens de choisir une alimentation à base de plantes, qui comprend une variété de légumes, de fruits et de céréales – fondamentalement ce que recommande le régime I. G.

Alors, je vous en prie, suivez-le. Votre poids a une formidable influence sur votre état de santé. Quel est le plus important pour vous : un hamburger et des frites ou une vie saine à partager avec les personnes que vous aimez ? Je pense que le choix est évident.

Cher Rick,

Je rédige ce témoignage sur votre régime au nom de ma mère qui a 79 ans et vous est très reconnaissante pour votre livre. On lui a diagnostiqué un diabète le printemps dernier et elle était une candidate à la crise cardiaque. Elle était très inquiète. Son médecin lui a donné six mois pour changer son alimentation et commencer à faire de l'exercice avant de lui prescrire de l'insuline. Il lui a recommandé votre livre et lui a souhaité bonne chance.

Elle avait tellement peur d'avoir à prendre de l'insuline tous les jours qu'elle était vraiment disposée à suivre vos recommandations. Elle l'a fait religieusement et elle a perdu 10 kg ! Mais, plus important, c'est que sa glycémie a baissé à 4. Elle est persuadée de la valeur de votre livre et elle en parle à tout le monde. En ce qui me concerne, en tant que fille qui adore sa mère, je ne peux vous dire à quel point je suis heureuse lorsque ma mère me montre un autre vêtement qu'elle doit faire rétrécir compte tenu de sa réussite. Sa fierté et son sentiment d'accomplissement mettent encore plus en valeur cette dame déjà spéciale. Je vous en remercie.

Monique

CHAPITRE SIX

La famille

Comme je l'ai mentionné dans le chapitre précédent, un bon moyen de rester motivé est de suivre le régime I. G. avec un membre de la famille. Si vous essayez tous deux de maigrir ensemble, vous pouvez vous encourager et vous amuser en même temps. Souvent, les lettres de mes lecteurs relatent les résultats constatés par les conjoints qui suivent le programme ensemble. Mais les gens n'ont pas tous à leurs côtés quelqu'un qui souhaite perdre du poids ou a besoin de le faire. Cela signifie-t-il qu'ils doivent se préparer des repas distincts ? Absolument pas.

Le régime I. G. convient à tous les membres de la famille, parce qu'il ne s'agit pas d'un régime ; c'est simplement un mode d'alimentation très sain, fondé sur de vrais aliments pour tous les jours. La phase II représente la façon dont nous devrions manger durant toute notre vie.

Une amie qui avait adopté le régime I. G. a commencé à préparer pour elle-même et son mari des repas feu vert pour le souper tous les soirs de la semaine, sans lui dire qu'ils respectaient les principes du régime I. G. Il ne s'est jamais rendu compte que ses repas étaient conformes aux recommandations d'un programme d'amaigrissement !

La phase II est également un mode d'alimentation idéal pour les enfants, et pas seulement pour ceux qui ont besoin de perdre du poids. Nous savons tous que le nombre de Canadiens qui ont un surplus de poids ou sont obèses a augmenté de manière spectaculaire au cours des dernières années, à cause de mauvaises habitudes alimentaires et du manque d'activités physiques. Malheureusement, le surplus de poids s'est également répandu chez les enfants. Plus du tiers des enfants canadiens ont un surplus de poids, et environ la moitié d'entre eux sont obèses. C'est pourquoi il est si important d'inculquer très tôt de bonnes habitudes alimentaires aux enfants ; cela leur sera très utile dans l'avenir.

Ne souhaiteriez-vous pas n'avoir jamais connu la malbouffe ? Si vous n'en aviez jamais mangé, elle ne vous manquerait pas maintenant. Si les enfants ne s'habituent pas aux boissons gazeuses sucrées et aux friandises, ils n'auront pas envie d'en manger plus tard.

Nous avons constaté que les enfants s'adaptent facilement au mode d'alimentation fondé sur l'I. G. Ils aiment les aliments feu vert et n'ont pas l'impression qu'on les prive. Évidemment, il n'est pas question de priver les enfants de leurs bonbons de Halloween, de leur gâteau d'anniversaire ou de crème glacée. Ces choses devraient simplement être réservées aux occasions spéciales. Les jours ordinaires, les enfants devraient prendre un petit-déjeuner nourrissant (pas de céréales sucrées, ni de Pop Tarts !), un dîner, un souper et des collations conformes aux principes du régime I. G. Les fruits frais, les légumes, le poisson, le poulet, le yogourt, le pain de blé entier, le gruau et les muffins au son et aux pommes sont de bons aliments pour les enfants. Rappelez-vous tout de même que les enfants en croissance ont besoin d'une alimentation contenant suffisamment de lipides – les bons lipides, ceux qu'on trouve dans le poisson, les noix et les huiles végétales.

Nous n'avons jamais manqué de servir à nos enfants des collations et des repas sains. Nous n'avions pas de boissons gazeuses et de malbouffe dans la maison, mais nous n'avons pas essayé de faire la police avec eux non plus. Halloween a toujours été une période de «choc glycémique» et nous avons toujours décoré les gâteaux d'anniversaire de Smarties. Mais les autres aliments que nous servions pour la fête étaient nourrissants : des sandwiches de pain de blé entier, des légumes avec des trempettes et des fruits. Les sacs de surprises contenaient peu de bonbons, lorsqu'ils en contenaient.

Notre fils David adorait manger du gruau et du yogourt au petit-déjeuner, bien que la consistance ait toujours donné lieu à d'intenses négociations : pas trop grumeleux, pas trop onctueux. Nous avons toujours essayé de prendre le souper en famille pour faire le point sur ce qui arrivait à chacun de nous. Nous n'avons jamais eu recours au dessert pour les forcer à manger, et nous servions habituellement des fruits à la fin du repas.

Nos garçons participaient à la préparation de collations nutritives. Nous les revoyons sur des photos, munis de longs tabliers et de grosses cuillères de bois, en train de préparer des muffins. Ils aimaient également les légumes crus en guise de collation, s'ils étaient accompagnés de trempettes intéressantes à faible teneur en matières grasses. Maintenant adultes, nos fils continuent de manger sainement et ne connaissent pas de rages de sucreries ou d'aliments vides. Ils adorent les fruits de mer, mangent une grande variété de légumes et aiment faire découvrir à leurs parents de nouveaux aliments feu vert. Nous avons mangé pour la première fois des edamames chez mon fils aîné (il s'agit des fèves du soya).

Alors, si vous ne l'avez pas déjà fait, essayez de servir à tous les membres de votre famille des repas feu vert et feu jaune. Ne leur dites pas qu'ils suivent le régime I. G. Dites seulement que vous voulez que chacun mange plus sainement. Les premières expériences des enfants relativement à la nourriture ont d'énormes conséquences sur la façon dont ils s'alimenteront à l'âge adulte. Ruth, ma femme, en sait quelque chose. Elle enseigne à l'Université de Toronto, et elle est spécialisée dans les traumatismes de l'enfance et leurs effets sur le comportement à l'âge adulte. Dans le prochain chapitre, elle parle du rôle que joue la nourriture dans notre éducation et de la façon dont nous apprenons à y avoir recours pour nous réconforter.

Cher Rick,

Étant moi-même adolescente, je suis consciente que les régimes sont importants pour nombre d'entre nous. J'ai beaucoup d'amies qui essaient toujours divers régimes d'amaigrissement et finissent généralement par souffrir de la faim. Parce que j'ai été témoin du phénomène de nombreuses fois, l'idée de suivre un régime ne me séduisait pas du tout, jusqu'à ce que je découvre le vôtre. Comme c'est le premier régime que j'aie vraiment suivi, je suis étonnée qu'il fonctionne. J'ai été tellement ébahie par le résultat, que je ne veux pas divulguer mon secret à mes amies! J'ai réussi à perdre 11 kg d'une manière saine et naturelle. Même mon médecin est ravi de ce que j'ai fait.

Je voulais seulement faire l'éloge de ce merveilleux régime. Croyez-moi, je n'ai jamais faim.

Erika

CHAPITRE SEPT

La nourriture, facteur de réconfort

Dès notre naissance, la nourriture et le réconfort deviennent inextricablement liés. À partir du moment où nos mères nous prennent dans leurs bras douillets pour nous nourrir, nous établissons un rapport entre la nourriture et un sentiment de chaleur, de sécurité et de réconfort. Et ces liens demeurent en nous jusqu'à la fin de nos jours.

Pendant notre croissance, la nourriture continue de jouer un rôle vital dans notre relation avec nos parents, surtout nos mères, parce que ce sont elles qui traditionnellement préparaient la nourriture. Leur réussite ou leur échec de mères s'évalue souvent par la rondeur de leurs enfants. Les bébés minces sont considérés comme « sous-alimentés » et, encore pire, « négligés » par une mère incompétente. Les bébés ronds avec de grosses joues à pincer sont perçus comme un indice de maternité efficace.

Les événements marquants de nos vies ont donné lieu à des célébrations et à des réceptions fondées sur la nourriture. Même lorsque nous étions malades, nous pouvions toujours compter sur maman pour faire un effort particulier afin de préparer des aliments qui stimuleraient notre appétit. Lorsque nous sommes nous-mêmes devenus parents, nous avons utilisé la nourriture, les bonbons ou les visites aux restaurants de service rapide pour inciter nos enfants à bien se conduire pendant les sorties ou pour les récompenser lors de l'apprentissage à la propreté. Nos parents sont devenus des grands-parents qui ne demandent qu'à faire plaisir et «gâtent» leurs petits-enfants avec une réserve infinie de friandises.

La nourriture est omniprésente dans tous les aspects de notre vie sociale. Son rôle ne consiste pas strictement à nous alimenter et à garantir notre survie. Elle est pour nous un moyen de témoigner notre confiance, notre amitié et notre amour. Nous célébrons les fêtes, comme l'Action de grâce, Noël et Pâques avec des aliments. Des baptêmes et circoncisions aux funérailles et veillées mortuaires, la nourriture est une compagne de tous les instants dans nos vies. Dans certaines cultures, «partager le pain» est une marque de confiance, et refuser de la nourriture offerte est considéré comme une insulte. À mesure que nous avançons en âge, la nourriture continue d'être au centre de nos activités sociales, comme dans les fréquentations et les déjeuners d'affaires ou de plaisir. Et que serait une partie de football sans bière et sans pizza ?

Notre rapport à la nourriture n'est cependant pas toujours merveilleux. La nourriture peut également être utilisée comme arme. Les enfants s'en servent pour manifester leur rébellion contre leur famille. Nous avons presque tous des souvenirs de luttes interminables pour amener les enfants à manger, avec pour résultat que des aliments sont avalés de force et crachés. Notre plus jeune fils a eu une phase «bananes et yogourt seulement» qui a semblé s'éterniser, mais qui n'a finalement duré qu'une semaine. Nous avons tous survécu sans qu'il n'y ait de conséquences graves.

Et les jeux auxquels nous avons eu recours pour les persuader de manger ! Je me souviens d'avoir découpé des rôties en lanières, de les avoir trempées dans les aliments que je voulais lui faire manger et de les avoir fait voler avec des bruits d'avion vers le hangar d'aéronefs de notre fils (sa bouche). Les associations que nous faisons entre les aliments et les personnes que nous aimons sont une dimension critique de notre développement.

La nourriture peut également être utilisée pour inspirer un sentiment de culpabilité. Tandis que les médias populaires font des blagues sur la mère juive, grecque, italienne qui nourrit ses enfants de force pour manifester son affection, le message « si tu m'aimes, tu manges ce que je veux » peut devenir un fardeau. Ne pas pouvoir quitter la table avant que l'assiette débordante d'aliments soit mangée ou refuser de prendre une deuxième portion sans « faire de la peine » à maman peut contribuer à créer des habitudes d'excès de table et à faire naître des sentiments conflictuels à l'égard de la nourriture pour la vie.

Rick, par exemple, a appris à toujours manger tout ce qu'il y a dans son assiette, et encore aujourd'hui il a du mal à ne pas la vider et à ne pas dévorer tout ce qu'il y a sur la table. En conséquence, j'ai appris à ne pas mettre trop de nourriture sur la table – juste la quantité adéquate.

Comme dans le cas de Rick, nos habitudes de consommation alimentaire sont imprégnées des expériences et des associations de notre enfance avec la nourriture. Quand je suis malade, j'aime la soupe au poulet et au riz ou la soupe aux tomates avec du macaroni parce que c'est ce que ma grand-mère chérie me servait lorsque j'étais enfant. La soupe réconforte donc mon estomac et mon esprit, parce qu'elle ravive, dans mon subconscient, les sentiments agréables que je ressentais en présence de ma bienveillante grand-mère.

Ce type d'association entre la nourriture et le soutien émotif est courant, et c'est quelque chose que nous ne faisons pas consciemment. Je ne pense pas à ma grand-mère chaque fois que je mange de la soupe au poulet, mais il est certain que je me sens mieux en en mangeant.

Nous portons également en nous d'autres sortes d'habitudes alimentaires. Nous sommes nombreux à avoir pris l'habitude dans l'enfance de nous diriger tout droit à la cuisine en rentrant de l'école pour prendre une collation. Maintenant parvenus à l'âge adulte, il nous arrive encore souvent de passer directement à la cuisine en rentrant à la maison, pas seulement pour préparer le dîner, mais pour grignoter quelque chose. Compte tenu du rythme effréné de nos vies – nous travaillons à temps plein et devons trouver le temps d'aller conduire et chercher les enfants à la garderie, de faire les courses, d'aller à des rendez-vous chez le dentiste, etc. – le rituel qui consiste à manger un «petit quelque chose» en rentrant à la maison est parfois la seule chose que nous faisons uniquement pour nous-mêmes dans toute une journée!

Conformément à mon origine britannique, j'aime rentrer à la maison et prendre une tasse de thé avec ma collation feu vert, avant d'entreprendre le «quart du soir». C'est important pour moi de m'asseoir pour prendre cette collation, même si ce n'est que pendant cinq minutes (ce sont cinq minutes pour moi).

Bien que la nourriture nous serve de réconfort ou de récompense à divers degrés, elle peut, dans certains cas, devenir un élément de réconfort trop important dans nos vies. Cela peut nous exposer sérieusement aux excès de nourriture, à la prise de poids et à l'obésité.

Évidemment, il existe d'autres façons de nous réconforter en mettant des choses dans notre bouche. Fumer, boire et consommer d'autres types de drogues sont des comportements qui visent nettement à nous procurer du réconfort. Plusieurs de ces comportements peuvent devenir des habitudes. Tout comme nous pouvons prendre l'habitude de fumer, nous pouvons prendre l'habitude de nous asseoir avec de la nourriture pour regarder la télévision. Et, comme nous le savons, il est très difficile de se défaire d'une habitude.

Si vous avez l'habitude de grignoter souvent, vous aurez peut-être beaucoup de mal à renoncer aux aliments de réconfort, surtout parce que ces aliments sont souvent de la malbouffe, comme les croustilles, les biscuits et les bonbons. Ils ont un I. G. élevé et provoquent une montée de glycémie qui procure une brève sensation de bien-être. Ces aliments ne font rien pour nous combler vraiment, que ce soit psychologiquement ou physiologiquement, et, en général, nous en voulons toujours davantage. Le cercle vicieux continue et nous sommes encore plus malheureux, parce que nous prenons du poids.

Cela ne signifie pas de renoncer aux collations, loin de là. Le régime I. G. recommande la consommation de trois collations par jour, en plus des trois repas habituels. Les collations sont tout simplement différentes. Vous avez le choix entre un fruit, une vaste gamme de produits laitiers à faible teneur en matières grasses, du müesli ou des muffins maison, pour n'en nommer que quelques-uns.

En attendant que vous vous habituiez à votre nouveau mode d'alimentation, ces collations ne vous procureront peut-être pas le « réconfort » glycémique et la sensation buccale sur lesquels vous comptez pour vous sentir bien. Il pourra donc être utile de commencer à chercher d'autres manières de vous réconforter dans la solitude de votre foyer après une dure journée de travail.

Prenez le temps de réfléchir à la façon dont vous mangez et à ce que vous mangez. Mangez-vous à toute vitesse, debout, sans vraiment goûter les aliments ? Les repas sont-ils des moments socialement agréables, ou au contraire de grand stress et de tension ? Commencez-vous à manger dès que vous rentrez à la maison après le travail, jusqu'au moment d'aller au lit, et avez-vous conscience que vous le faites ? Si vous y réfléchissez bien, mangez-vous pour une raison autre que celle d'apaiser la faim ? Mangez-vous pour tromper l'ennui, le stress, l'anxiété ou la solitude ?

Si vous vous reconnaissez, il faut vous arrêter et réfléchir : y a-t-il des choses que vous pouvez changer pour que les repas soient agréables et dépourvus de tensions. Prenez un peu de temps pour planifier vos repas (envisagez la préparation de menus hebdomadaires) et prévoyez du temps pour faire les emplettes et cuisiner. Ensuite, essayez de faire en sorte de toujours vous asseoir à une table à des heures passablement régulières pour manger vos repas. Ne mangez pas debout ni pendant que vous accomplissez des tâches domestiques. Détendez-vous et goûtez les aliments, en mangeant lentement.

Après avoir réfléchi à des moyens de rendre les repas plus agréables et réconfortants, vous pouvez songer à substituer des activités agréables à votre habitude de grignoter. Dans cette optique, je vous invite à dresser une liste de toutes les activités que vous aimez, y compris les loisirs et les distractions agréables. Je vous propose un exemple de liste ci-après, mais la vôtre reflétera vos champs d'intérêt personnels.

Activités

Prendre un bain entouré de chandelles
Écouter de la musique
Assister à une partie de baseball
Faire du yoga
Aller au cinéma
Faire de la randonnée pédestre

Travailler le bois
Appeler un ami ou une amie
Aller à la pêche
Regarder de vieilles photographies
Lire un roman
Monter un album de photos ou un album-souvenir
Rédiger un journal

Certains des éléments de votre liste vous sembleront peut-être une manifestation d'égocentrisme et une perte de temps, et l'on nous a appris que c'était quelque chose de mal. Il est bon de faire des choses agréables pour soi-même. C'est même une excellente idée.

Alors, la prochaine fois que vous aurez envie d'une collation feu rouge, comme un bol de maïs soufflé pendant que vous regardez la télévision, pratiquez plutôt l'une des activités de votre liste. Prenez un bain chaud avec de la mousse ou appelez un ami ou une amie pour bavarder.

Je sais que ce changement semble difficile à réaliser, mais allez-y doucement et souvenez-vous que la première étape de n'importe quel type de changement consiste à reconnaître que quelque chose doit changer.

En lisant le présent livre, vous avez déjà amorcé le processus. Si vous avez un conjoint, mettez-le dans le coup : l'appui des amis et de la famille est essentiel pour que cela fonctionne. Faites-leur comprendre ce que vous essayez de faire et demandez-leur de vous aider en acceptant de participer à vos activités.

La nourriture jouera toujours un rôle important dans nos vies comme source de nutrition, de socialisation et de réconfort. Manger peut être agréable et satisfaisant. En procédant lentement à de sains changements dans vos habitudes alimentaires, vous découvrirez que la nourriture occupe une place plus équilibrée dans votre vie.

Cher Rick,

Je voulais vous remercier pour votre livre. J'ai eu un surplus de poids toute ma vie. J'avais atteint 138 kg et j'en étais venue à la conclusion que j'avais une dépendance à la nourriture et qu'il ne me servait à rien d'espérer maigrir, puisque j'avais essayé tous les régimes disponibles. Du moins, c'est ce que je croyais !

Dieu merci, une amie très chère a trouvé votre livre. Sept semaines plus tard, je pèse 124 kg et je ne me suis jamais sentie aussi bien. Votre programme a fait taire la voix de mon démon intérieur ! Je n'ai plus envie de grignoter des sucreries. Je n'ai PAS mangé de chocolat depuis sept semaines (je vous jure que c'est ma plus longue période d'abstinence depuis ma naissance !) et je trouve votre programme facile à suivre et à gérer. Maintenant, grâce à vous, je SAIS que je vais réussir à atteindre un poids sain pour la première fois de ma vie. J'ai 37 ans, et j'ai l'impression que ma vie ne fait que commencer. Merci, merci, merci !

Sarah

CHAPITRE HUIT

Quelques questions posées fréquemment

Q. Puis-je vraiment manger autant d'aliments feu vert que je le veux ?

R. Oui, vous le pouvez, sauf lorsque je recommande une portion précise. Les portions sont importantes pour les aliments feu vert qui ont un I. G. plus élevé que les autres ou qui contiennent plus de calories, comme les pâtes, le riz, le pain, les noix et la viande. Laissez-vous guider par le bon sens et consommez de tout avec modération. Je ne vous recommande pas de manger 20 oranges par jour, par exemple, ou 10 muffins feu vert. Ce serait exagéré.

Q. La flexibilité a-t-elle sa place dans votre régime ?

R. Oui, mais vous seul pouvez déterminer les règles que vous pouvez enfreindre sans que cela vous empêche de continuer de perdre du poids. De nombreux lecteurs m'ont dit qu'ils ne pouvaient pas vivre sans certains aliments feu rouge, comme le café ordinaire et le beurre d'arachides. Si un produit est important pour vous, allez-y, mangez-en, mais limitez-en strictement la quantité consommée. Ne prenez qu'une tasse de café ou une cuillerée à soupe de beurre d'arachides par jour. Une lectrice m'a dit qu'elle avait opté pour une version « Vegas » du régime I. G., c'est-à-dire qu'elle buvait un verre de vin rouge chaque jour durant la phase I. Elle a tout de même perdu 13 kg et remet une robe qu'elle portait à l'université. Vous maigrirez plus rapidement si vous suivez toutes les lignes directrices du régime I. G., mais rien ne s'oppose à ce que vous respectiez 90 % du programme.

Q. Je croyais que l'aspartame et certains autres succédanés du sucre étaient mauvais pour la santé. Alors, pourquoi les recommandez-vous ?

R. Un bon nombre de renseignements erronés ont circulé à propos des succédanés du sucre et ceux-ci sont principalement le fait du lobby du sucre aux États-Unis. Les principaux gouvernements et organismes de santé du monde entier ont approuvé l'utilisation des édulcorants et des succédanés du sucre, et pas une seule étude (scientifique) jugée par les pairs n'a reconnu de risques pour la santé. Pour les personnes qui entretiennent encore des doutes sur la sécurité des édulcorants artificiels, la U.S. Food and Drug Administration Consumer Magazine a publié une revue exhaustive sur ces produits (voir www.fda.gov).

Si vous êtes allergique à l'aspartame, essayez les autres options, comme le sucralose (Splenda) ou la saccharine (Sweet'n Low).

Q. L'édulcorant à base d'herbes stevia est-il un produit feu vert ?

R. Le stevia est une herbe sud-américaine que l'on peut trouver dans les boutiques d'aliments naturels. Bien que sa popularité augmente, aucune étude à long terme n'a été entreprise sur sa sécurité, alors je ne puis le recommander sans réserve. Cela me semble toutefois être une option acceptable, si on l'utilise avec modération.

Q. Je crois comprendre que le beurre d'arachides a un I. G. faible. Si c'est le cas, pourquoi est-il un aliment feu rouge ? Les versions « légères » sont-elles plus acceptables ?

R. Il est vrai que le beurre d'arachides a un I. G. faible, mais il contient énormément de matières grasses et de calories. Malheureusement, les variétés « légères » sont encore pires, parce qu'on a réduit la quantité d'arachides et ajouté du sucre et de l'amidon pour compenser. S'il vous faut « tricher » en mangeant une cuillerée à soupe de beurre d'arachides à l'occasion, optez pour la variété naturelle qui contient 100 % d'arachides, sans sucre ajouté.

Q. Les haricots secs sont classés dans la catégorie feu vert. Pourtant la soupe aux haricots noirs est dans la catégorie feu rouge. Pourquoi ?

R. Les haricots sont un aliment feu vert classique. Ils contiennent peu de matières grasses et beaucoup de protéines et de fibres. Les soupes aux haricots en conserve du commerce, toutefois, sont considérablement transformées, et c'est pourquoi leur I. G. est élevé. On les fait cuire à des températures extrêmement élevées pour éviter leur dégradation. Ce procédé décompose l'enveloppe protectrice extérieure des haricots et les granules d'amidon à l'intérieur, ce qui devrait normalement être fait par notre système digestif. C'est pourquoi les soupes aux haricots noirs, aux pois cassés ou aux pois verts ont toutes un I. G. élevé. Essayez plutôt la soupe aux haricots maison d'Emily. Elle est facile à préparer et se classe dans la catégorie feu vert.

Q. Les abricots et les canneberges séchés appartiennent à la catégorie feu jaune. Pourtant on les utilise dans certaines recettes feu vert. N'élèvent-ils pas l'I. G. des recettes ?

R. Les fruits séchés ont en fait un I. G. faible. Cependant, la plupart sont très caloriques, et c'est pourquoi ils sont classés dans la colonne feu rouge. Les abricots et les canneberges séchés contiennent moins de calories. La quantité utilisée dans les recettes est si modeste qu'ils n'élèvent que légèrement le contenu en calories, pas suffisamment pour s'inquiéter.

Q. Je sais qu'il est préférable d'éviter l'alcool dans la phase I, mais peut-on utiliser du vin dans les recettes ?

R. Absolument ! Vous pouvez cuisiner avec du vin même dans la phase I. Ajouter une tasse de vin dans une sauce que l'on servira à quatre personnes indique que chacun aura un quart de tasse. C'est beaucoup moins qu'un verre de vin. De plus, généralement presque tout l'alcool s'évapore à la cuisson.

Q. Les aliments qui contiennent peu de calories, comme les galettes de riz ou le Jell-O sans sucre, sont-ils des aliments feu vert ?

R. Je crains que non. Bien qu'ils contiennent peu de calories, ils se digèrent rapidement, ce qui vous incite à manger davantage pour occuper votre système digestif. Essayez de vous en tenir aux collations feu vert, qui sont beaucoup plus nourrissantes et satisfaisantes.

Q. J'ai lu quelque part que plusieurs aliments à forte teneur en matières grasses, comme la crème glacée de première qualité, ont en fait un I. G. faible. Est-ce vrai ?

R. Oui, c'est vrai. Les matières grasses ont une fonction de freinage dans le processus digestif, faisant en sorte que les aliments gras se digèrent plus lentement. Ce sont tout de même des aliments feu rouge, pour deux motifs. Premièrement, ils contiennent beaucoup de calories. Les lipides contiennent deux fois plus de calories par gramme que les protéines ou les glucides. Deuxièmement, la plupart des

Cher Rick,

Je vous remercie de votre travail assidu sur le programme I. G. J'ai commencé en mai. Ça a marché très fort pendant un certain temps, puis j'ai atteint un plateau. Votre livre a transformé ma façon de penser aux aliments. Mon plateau a commencé à s'effondrer et les kilos disparaissent – lentement, comme il se doit. J'ai perdu 6 kg, mon apparence s'est améliorée et je me sens mieux. J'ai encore beaucoup de poids à perdre. Mon objectif est de perdre encore 9 kg au cours des deux prochaines années.

Mon cœur, mon corps et mon âme vous remercient pour votre motivation et votre appui.

Faites attention à vous.

Glennda

aliments à forte teneur en matières grasses contiennent des gras saturés, qui sont mauvais pour la santé. Bien que l'I. G. des aliments soit un facteur très important pour déterminer s'ils sont de la catégorie feu vert ou non, nous devons également tenir compte de leur densité calorique et de leurs conséquences sur la santé. Le gras saturé est assurément un mauvais gras.

Q. Je suis le régime I. G. depuis plusieurs semaines, et j'ai été ravi des résultats jusqu'à il y a deux semaines. Il semble que j'aie atteint un plateau. Que devrais-je faire ?

R. La plupart des gens maigrissent rapidement durant les premières semaines. Ils s'attendent donc à ce que la perte de poids continue au même rythme, mais ce n'est généralement pas le cas. Vous devriez vous attendre à perdre en moyenne un demi-kilo par semaine. Ne vous inquiétez pas si vous atteignez un plateau. Si vous suivez les directives du régime I. G. et que votre IMC est encore supérieur au chiffre recommandé, vous atteindrez assurément votre but. Si votre plateau semble durer un peu trop longtemps demandez-vous ce que vous avez mangé dernièrement, et voyez si vous êtes un peu trop éloigné de la colonne verte du guide alimentaire. J'ai reçu un courriel d'un lecteur qui disait avoir atteint un plateau et dont le seul écart consistait à manger une ou deux collations au beurre d'arachides par jour. Eh bien, le problème était que cet «écart» déposait environ 3 500 calories, ou un demi-kilo de gras, sur son tour de taille chaque semaine. Pas étonnant qu'il ait atteint un plateau !

Troisième partie

La cuisine à la mode I. G.

CHAPITRE NEUF

Introduction à la cuisine à la mode I. G.

Que Rick me demande une collection de recettes pour son régime bien connu m'a évidemment ravie! Je me suis toujours intéressée à la cuisine santé (je détiens un diplôme en nutrition) et j'ai créé un très grand nombre de recettes à faible teneur en matières grasses pour Canadian Living.

Rick m'a dit que les recettes devaient non seulement être pauvres en gras saturés, mais en plus contenir beaucoup de fibres et peu de sucre, avoir un I. G. faible et, bien sûr, être délicieuses. Je lui ai dit tout de suite qu'il pouvait compter sur moi! J'adore créer de nouvelles recettes, parce que cela me permet d'exprimer ma passion pour la nourriture en « jouant » dans la cuisine. De plus, cela me permet non seulement d'aider toutes les personnes qui suivent le régime I. G., mais également celles qui ont un taux de cholestérol élevé, souffrent d'hypertension et de maladies cardiaques.

Si vous commencez le régime I. G., vous avez peut-être l'impression que les restrictions sont nombreuses. Concentrez-vous plutôt sur les aliments énumérés dans la colonne feu vert du guide alimentaire. Vous constaterez, qu'en réalité, une grande variété d'aliments appétissants existe.

Il est possible de bien manger en suivant le régime I. G., sans jamais avoir à sacrifier le goût. Non seulement les aliments feu vert sont-ils bons pour la santé, mais, à mon avis, ils sont parmi les plus savoureux. L'huile d'olive extra-vierge, par exemple, est une matière grasse mono-insaturée, la « meilleure », et elle donne un goût merveilleux à de nombreux plats.

Ma préoccupation première lors de la conception de nouvelles recettes, c'est le goût. Mes expériences personnelles avec les aliments me servent de base : ce que j'aime cuisiner et ce que ma famille et mes amis mangent avec plaisir. J'aime beaucoup utiliser des herbes fraîches, de délicieuses épices et des aliments à saveur exotique pour concocter des repas intéressants et amusants.

Dans le recueil que je vous propose ici, vous trouverez quelques-unes des recettes préférées de ma famille, comme le Veau parmesan et le Fajitas au bœuf, que j'ai modifiées pour les rendre feu vert. En utilisant moins d'huile, en évitant la farine et le sucre, et en utilisant des fromages au goût prononcé à seule fin de rehausser la saveur, vous aussi pourrez transformer les recettes que vous aimez en plats feu vert.

Ruth et Rick viennent aussi partager avec vous quelques recettes qu'ils avaient en réserve et, grâce à vos courriels, quelques-unes proposées par les lecteurs sont également diffusées.

Cuisiner à la mode I. G. suppose que l'on parte de zéro et que l'on évite les aliments très transformés. Cela ne signifie pas de passer beaucoup de temps dans la cuisine. La plupart des recettes du présent livre se préparent en moins de 30 minutes.

J'ai inclus quelques recettes de petit-déjeuner, comme le Lait frappé au yogourt et müesli, pour les matins où vous êtes pressé, et d'autres qui conviennent mieux aux week-

Cher Rick,

Je voulais juste que vous sachiez que j'ai vu votre interview avec Vicki Gabereau aujourd'hui. Ma fille et moi avons commencé le régime I. G. il y a deux mois. J'ai perdu 7 kg, et ma fille presque autant... Nous adorons la nourriture. Les vieilles habitudes ont certainement la vie dure, mais le fait d'avoir des plats préparés d'avance change les choses lorsqu'on manque de temps. Si je prépare des chaudrons de soupe et de chili et des barres granola, je peux être très sage. Par contre, lorsque je n'ai rien préparé d'avance, je reprends facilement mes anciennes (mais néfastes) habitudes alimentaires !

Ce qui m'a le plus étonnée a été de découvrir à quel point je me sentais mal lorsque je m'écartais de votre programme et que je commençais à avaler des sucreries et d'autres choses du genre pendant une journée ! POUAH ! Je n'arrive pas à croire que je me sentais toujours comme ça avant d'avoir découvert votre livre ! Je n'aurais jamais cru que le yogourt deviendrait un si bon ami.

Merci encore,
Bernice

---

ends de détente, comme les Crêpes légères et l'Omelette au bacon de dos. Toutes les recettes de salades et de soupes peuvent servir de base à un dîner satisfaisant. Vous avez le choix entre de nombreux plats de poisson et fruits de mer, de poulet et de viande pour le souper.

Par ailleurs, comme le régime n'impose aucune privation, j'ai également inclus quelques recettes de desserts et de collations qui vous plairont, j'en suis persuadée. Je les ai presque toutes servies à ma famille, à mes amis et dans mes classes de cuisine. Tout le monde a été épaté de constater qu'elles contenaient peu de matières grasses et que leur I. G. était faible. Elles étaient très savoureuses. J'espère que plusieurs de ces plats feu vert et feu jaune seront au nombre des préférés de votre famille et de vos amis.

J'ai également inclus quelques conseils à propos des ingrédients, du matériel à utiliser, des mesures et des plats d'accompagnement. Enfin, je vous ai proposé un menu hebdomadaire pour vous aider à commencer.

Les ingrédients

Vous constaterez que les ingrédients que j'ai utilisés pour les recettes ne sont pas tous strictement feu vert. J'ai ajouté du vin pour rehausser la saveur, ainsi que de petites quantités de sauce qui contiennent du sucre et des fruits séchés. Cela n'indique pas que la recette soit feu jaune ou feu rouge. Les quantités employées sont si minimes qu'elles n'auront pas beaucoup d'effet sur votre glycémie.

Ne vous sentez pas obligé de ne pas les réaliser pour rester dans la catégorie feu vert.

Pour remplacer le sucre, j'ai obtenu de bons résultats avec Splenda et Sugar Twin, et j'ai constaté que le goût n'en souffrait pas. Achetez-les sous forme de granules en boîte, parce qu'ils sont ainsi plus faciles à utiliser ; ils se mesurent comme le sucre.

Le matériel

Les poêles antiadhésives

Pour cuisiner des plats à faible teneur en matières grasses, il est utile d'avoir sous la main quelques poêles de tailles diverses. Lorsqu'on les utilise, une quantité minime d'huile suffit pour que les aliments glissent. N'oubliez pas que la chaleur de cuisson recommandée pour les surfaces anti-adhésives est au plus le feu moyen, et qu'il faut se servir uniquement de brosses et d'ustensiles non abrasifs. Il faut laver les poêles à l'eau chaude savonneuse avec une brosse de nylon. Ne les mettez pas dans le lave-vaisselle, parce que cela pourrait endommager le revêtement antiadhésif. Si vous devez passer au four une poêle avec une poignée en bois ou en plastique, prenez la peine de bien envelopper cette dernière de papier d'aluminium. Si vos poêles sont détériorées, achetez-en de nouvelles pour obtenir de meilleurs résultats.

Les plateaux à grillades et les grils d'intérieur

Les conseils que je vous ai donnés pour l'entretien des poêles antiadhésives s'appliquent aux plateaux à grillades et grils d'intérieur. Lorsque vous vous en servez, vous n'avez besoin que d'une brosse légère ou d'un peu d'huile en vaporisateur. Le plateau à grillades évite de cuire les aliments dans le gras et permet d'obtenir l'aspect d'aliments grillés en l'absence de barbecue d'extérieur.

Les casseroles et les marmites

Vous êtes-vous déjà demandé quelle était la différence entre une casserole et une marmite ? Eh bien la marmite a géné-ralement deux poignées, tandis que la casserole n'en a qu'une. Leur usage est la plupart du temps interchangeable. Le fait-tout est simplement une grande casserole ou marmite munie d'un couvercle. La plupart des gens en ont un sans le savoir !

Les mesures

Pour réussir les recettes, prenez la peine de vous servir de tasses et de cuillères à mesurer. Pour mesurer le lait, le jus, le bouillon et l'eau, prenez des tasses servant à mesurer les ingrédients liquides. Elles sont généralement en verre ou en plastique et ont un bec verseur. Regardez les ingrédients liquides à la hauteur des yeux sur une surface plane pour obtenir la mesure correcte. Pour mesurer la farine, le sucre, les pâtes et tout ce qui est de consistance épaisse comme la crème sure et la margarine, utilisez des tasses servant à mesurer les ingrédients secs. Celles-ci sont en plastique ou en métal, et elles s'emboîtent les unes dans les autres. Mettez les ingrédients secs dans la tasse à l'aide d'une cuillère et égalisez avec le dos d'un couteau sans les taper, et sans en ajouter. Les cuillères à mesurer sont généralement en plastique ou en métal, et on peut s'en servir pour les ingrédients secs et liquides. Il est également recommandé d'égaliser les ingrédients placés dans les cuillères à mesurer sur une surface plane.

Une balance de cuisine peut également être très utile pour peser les pâtes, la viande, les légumes et les fruits. Achetez-en une avec un bol ou un récipient sur le dessus pour faciliter la mesure. Si vous n'avez pas de balance, et que vous voulez mesurer 60 g de pâtes longues, ce qui correspond à la quantité que j'utilise dans les recettes, prenez simplement une poignée de spaghetti ou de linguini et tenez-les fermement. Vous devriez obtenir la circonférence d'une pièce de 1 dollar canadien, c'est-à-dire environ 2,5 cm.

Les plats d'accompagnement

Presque toutes les recettes de souper du présent livre devraient être servies avec des plats d'accompagnement. Un glucide féculent, comme les pâtes, le riz ou les pommes de terre nouvelles bouillies, devrait occuper un quart de votre assiette. Comme l'excès de cuisson a tendance à élever l'I. G. des aliments, faites cuire les pâtes jusqu'à ce qu'elles soient *al dente*, fermes sous la dent, et retirez le riz du feu avant qu'il commence à coller. Les pommes de terre nouvelles ne demandent que 10 minutes de cuisson à ébullition ou à la vapeur.

Les légumes et les salades feu vert devraient occuper la moitié de votre assiette. Encore une fois, ne faites pas trop cuire les légumes : ils doivent être tendres et croquants. De toute façon, la plupart des gens n'aiment pas les légumes ramollis et sans saveur. Voici quelques indications pour la préparation des légumes d'accompagnement.

Grille de cuisson des légumes à la vapeur

Légumes	Préparation
Asperge	Peler les extrémités
Brocoli	Couper en fleurons
Chou de Bruxelles	Éplucher et couper en deux
Carotte	Couper en morceaux de 1,25 cm
Chou-fleur	Couper en fleurons
Pois vert congelé	Ne pas décongeler
Légumes mélangés congelés en sac	Ne pas décongeler
Haricot vert	Couper les extrémités
Pomme de terre nouvelle	Brosser et piquer à la fourchette
Pois mange-tout/pois sugar snap	Couper les extrémités
Haricot jaune	Couper les extrémités
Courgette	Couper en morceaux

Vous pouvez faire cuire ces légumes de l'une des façons suivantes.

À l'eau bouillante : dans une casserole d'eau bouillante, faire cuire les légumes environ 7 minutes, ou jusqu'à ce qu'ils soient légèrement croquants.

À la vapeur : faire bouillir 2,5 cm d'eau dans une casserole. Mettre la marguerite contenant les légumes dans la casserole. Couvrir et cuire à la vapeur de 5 à 7 minutes, ou jusqu'à ce que les légumes soient tendres et croquants.

Au four à micro-ondes : mettre les légumes dans une grande assiette ou un bol. Ajouter ¼ de tasse d'eau. Couvrir d'une pellicule plastique et cuire au four à micro-ondes, environ 5 minutes, ou jusqu'à ce que les légumes soient légèrement croquants. Pour agrémenter et rehausser la saveur des légumes, arroser d'un peu de jus de citron et ajouter du sel et du poivre.

Les salades

Les recettes qui suivent constituent de bonnes bases de salades et de vinaigrettes, que vous pourrez varier à l'infini en utilisant des légumes, des herbes et des vinaigres différents.

Salade de base

1½ tasse	laitue (ex. romaine, mesclun, pousses, Boston, roquette, cresson, iceberg)
1	petite carotte râpée
½	poivron (rouge, jaune ou vert)
1	tomate italienne, coupée en quartiers
½ tasse	concombre tranché
¼ tasse	oignon rouge tranché (facultatif)

Dans un bol, mélanger la laitue, la carotte, le poivron, la tomate, le concombre et l'oignon. Donne une portion.

Vinaigrette de base

1 c. à soupe	vinaigre (de vin rouge ou blanc, balsamique, de riz ou de cidre) ou jus de citron
1 c. à thé	huile d'olive extra-vierge ou huile de canola
½ c. à thé	moutarde de Dijon

Pincée   sel et poivre
Pincée   herbes fraîches ou séchées (thym, origan, basilic, assai-
             sonnement à l'italienne, marjolaine, menthe)

Dans un petit bol, fouetter ensemble le vinaigre, l'huile, la moutarde, le sel, le poivre et les herbes. Verser la vinaigrette sur la laitue, et mélanger. Donne une portion.

Un exemple de menu feu vert hebdomadaire

Jour 1

Petit-déjeuner Müesli (page 129)
Collation   Muffin au son, à la canneberge et à la cannelle
             (page 254)
Dîner   Soupe à l'orge, aux champignons et au bœuf
             (page 152)
             Sandwich ouvert à la dinde avec Trempette à la
             sauge, aux tomates et aux haricots blancs (page 248)
Collation   Orange et yogourt à saveur de fruits, sans matières
             grasses et sans sucre
Souper   Poulet chasseur (page 213)
             Riz à grain long et asperges
Collation   Pudding au riz basmati (page 262)

Jour 2

Petit-déjeuner Gruau maison (page 131)
             Quartiers de pamplemousse avec fromage cottage
             1 % M. G.
Collation   Muffin au son, à la canneberge et à la cannelle
             (page 254)
Dîner   Soupe toscane aux haricots blancs (page 147)
             Salade au poulet barbecue (page 172)
             Demi-pita de blé entier
Collation   Pomme et fromage cottage 1 % M. G.
Souper   Filets d'aiglefin aux amandes (page 196)
             Carottes miniatures et riz à grain long
             Salade de courgettes (page 161)
Collation   Biscuits « tarte aux pommes » (page 267)

Jour 3

Petit-déjeuner	Omelette au bacon de dos (page 139)
	Tranche de pain de blé entier moulu sur pierre, grillée
	Quartiers de tomate
Collation	Scone de blé entier (page 252)
Dîner	Salade de lentilles au citron et à l'aneth (page 168)
	Sandwich ouvert au jambon avec Hoummos aux poivrons rouges grillés (page 250)
	Cornichon
Collation	Biscuits «tarte aux pommes» (page 267) et verre de lait écrémé
Souper	Sauté de légumes à feuilles asiatiques et de tofu (page 190)
	Riz basmati
	Salade verte
Collation	Salade de fruits frais (page 249)

Jour 4

Petit-déjeuner	Müesli (page 129)
	Bacon de dos
	Tranche de pain de blé entier moulu sur pierre, grillée
	Pêche tranchée
Collation	Scone de blé entier (page 252)
Dîner	Soupe au jambon et aux lentilles (page 151)
	Salade piquante de chou rouge et vert (page 160)
	Demi-pita de blé entier
Collation	Carottes miniatures, brocoli et concombre avec hoummos aux poivrons rouges grillés (page 250)
Souper	Hamburger au raifort (page 222)
	Salade méditerranéenne aux haricots (page 166)
Collation	Brownie aux pacanes (page 268) et verre de lait écrémé

Jour 5

Petit-déjeuner	Pain doré à la cannelle (page 134)
	Jambon tranché
	Orange
Collation	Biscuits au son et aux amandes (page 266) et verre de lait écrémé

Dîner	Tomates farcies à la salade de crabe (page 174)
	Fromage cottage avec compote de pommes
Collation	Pêche et yogourt à saveur de fruits, sans matières grasses et sans sucre
Souper	Veau au fenouil et aux champignons (page 236)
	Spaghetti
	Carottes miniatures vapeur
	Salade de tomates et courgettes, au blé et aux petits fruits (page 170)
Collation	Croûte aux petits fruits (page 263)

Jour 6

Petit-déjeuner	Omelette soufflée aux pommes (page 138)
	Bacon de dos
Collation	Biscuits au son et aux amandes (page 266) et verre de lait écrémé
Dîner	Salade de poivrons et de tomates avec bœuf (page 176)
Collation	Flan au tofu
Souper	Lasagne vite faite (page 192)
	Salade verte
Collation	Poires pochées (page 261) avec Fromage de yogourt (page 128)

Jour 7

Petit-déjeuner	Délice matinal aux fruits pochés (page 130)
	Frittata florentine (page 140)
	Tranche de pain de blé entier moulu sur pierre, grillée
Collation	Yogourt à saveur de fruits, sans matières grasses et sans sucre
Dîner	Salade d'avocats et de fruits frais (page 165)
	Sandwich ouvert au poulet avec Hoummos aux poivrons rouges grillés (page 250)
Collation	Pois chiches séchés (page 247)
Dîner	Darne de saumon et Sauce tartare légère à l'aneth (page 199)
	Haricots verts et pommes de terre nouvelles
	Salade crémeuse aux concombres (page 157)
Collation	Tartelette givrée aux pommes (page 264)

CHAPITRE 10

Les recettes

Le petit-déjeuner

Lait frappé au yogourt   FEU VERT

Vous n'avez pas besoin de matériel coûteux pour préparer ces laits frappés à saveur de fruits — un simple fouet suffit.

500 ml (2 tasses)	lait écrémé
1	contenant (175 g) de yogourt sans matières grasses et sans sucre à saveur de fruits
½ c. à thé	édulcorant

1. Dans un grand verre ou un petit bol, fouetter le lait, le yogourt et l'édulcorant jusqu'à l'obtention d'une consistance lisse.

   Donne 2 portions.

Options

Lait frappé plus épais : sortez le mélangeur et ajoutez 250 ml (1 tasse) de fraises ou de framboises tranchées.

Lait frappé dessert : utilisez 250 ml (1 tasse) de crème glacée à faible teneur en matières grasses, sans sucre ajouté, à la place du yogourt et fouettez-la avec le lait, en omettant l'édulcorant.

Fromage de yogourt   FEU VERT

On peut manger le fromage de yogourt le matin, sur du pain de blé entier grillé, ou s'en servir comme trempette ou garniture à dessert. Il remplace avantageusement la crème sure dans la plupart des recettes.

1 pot (750 g) de yogourt à faible teneur en matières grasses

1. Vider le contenant de yogourt dans une passoire tapissée d'une étamine (morceau de coton à fromage) ou d'un torchon. Mettre la passoire sur un grand bol. Couvrir d'une pellicule plastique et réfrigérer pendant au moins 4 heures, ou toute la nuit. Jeter le liquide et mettre le fromage de yogourt dans un contenant hermétique.

Donne 1½ tasse.

Options

Yogourt de fromage sucré : vous pouvez sucrer le fromage de yogourt en ajoutant un peu d'édulcorant, au goût.

Yogourt de fromage citronné : ajoutez 5 ml (1 c. à thé) de zeste de citron râpé avec de l'édulcorant, au goût.

Trempette vite faite au fromage de yogourt : ajoutez simplement au fromage de yogourt, 2 oignons verts hachés, 1 petite gousse d'ail hachée fin, 15 ml (1 c. à soupe) de jus de citron et 15 ml (1 c. à soupe) d'origan frais, haché (ou 5 ml [1 c. à thé] d'origan séché).

Conseil utile : prenez la peine de conserver le pot de yogourt et notez la date de péremption. Votre fromage de yogourt se conservera jusqu'à cette date.

Müesli

Mon amie Lesleigh m'a fait connaître cette façon saine et délicieuse de commencer la journée. Préparez votre müesli la veille, de sorte qu'il soit prêt à manger le matin. Mélangez ⅓ de tasse de müesli avec ⅓ de tasse de lait écrémé ou d'eau, couvrez et réfrigérez toute la nuit. Le matin, ajoutez au mélange 1 pot de yogourt o % M. G. aux fruits et sans sucre, et mangez-le froid ou mettez-le au four à micro-ondes pour obtenir un petit-déjeuner chaud.

500 ml (2 tasses)	flocons d'avoine
175 ml (¾ tasse)	son d'avoine
175 ml (¾ tasse)	amandes tranchées
125 ml (½ tasse)	graines de tournesol décortiquées non salées
30 ml (2 c. à soupe)	germe de blé
1 ml (¼ c. à thé)	cannelle

1. Dans un grand sac de plastique réutilisable, mélanger les flocons d'avoine, le son d'avoine, les amandes, les graines de tournesol, le germe de blé et la cannelle. À l'aide d'un rouleau à pâtisserie, écraser grossièrement le mélange. Agiter le sac pour bien mélanger le tout.

Donne 3½ tasses.

Conservation : le müesli se conserve dans un sac réutilisable ou un contenant hermétique à température ambiante pendant un mois.

Délice matinal
aux fruits pochés

FEU VERT

Si vous n'avez pas le temps de prendre votre petit-déjeuner à la maison, préparez ces fruits la veille ou quelques jours à l'avance et emportez-les avec vous. Ils font également une merveilleuse collation du matin ou de l'après-midi.

2	pommes évidées, en gros morceaux
2	poires évidées, en gros morceaux
1	pamplemousse
1	orange
500 ml (2 tasses)	fromage cottage 1 % ou fromage de yogourt (voir recette page 128)

Sirop à la cannelle :

500 ml (2 tasses)	eau
2	bâtons de cannelle cassés en deux
4	tranches de gingembre frais
45 ml (3 c. à soupe)	édulcorant

1. Sirop à la cannelle : Dans une petite casserole, amener à ébullition l'eau, les bâtons de cannelle, le gingembre et l'édulcorant. Baisser le feu et ajouter les pommes et les poires. Cuire environ 5 minutes, ou jusqu'à ce que les fruits soient légèrement croquants. Retirer les fruits à l'aide d'une cuillère à rainures et les déposer dans un grand bol. Réserver le sirop. Laisser refroidir.

2. Entre-temps, à l'aide d'un couteau dentelé, couper les deux extrémités du pamplemousse. En commençant par un côté, détacher l'écorce et la peau blanche du pamplemousse. Faire de même avec l'orange. Avec le même couteau, couper des segments entre les membranes du pamplemousse et de l'orange, et les ajouter avec leur jus dans le bol qui contient les pommes et les poires. Servir avec du fromage cottage, et ajouter quelques gouttes de sirop à la cannelle si désiré.

Donne 4 portions.

Conservation : vous pouvez préparer ce mélange jusqu'à trois jours à l'avance. Mettez-le au réfrigérateur dans un contenant hermétique.

Gruau maison

Ce petit-déjeuner chaud vous rassasiera toute la matinée. Vous pouvez en varier la saveur en ajoutant, par exemple, des petits fruits ou des morceaux de pomme.

500 ml (2 tasses)	lait écrémé
375 ml (1½ tasse)	eau
3 ml (¾ c. à thé)	cannelle
2,5 ml (½ c. à thé)	sel
180 ml (⅓ tasse)	flocons d'avoine
60 ml (¼ tasse)	germe de blé
60 ml (¼ tasse)	amandes tranchées
45 ml (3 c. à soupe)	édulcorant

1. Dans une grande casserole, amener à ébullition le lait, l'eau, la cannelle et le sel. Incorporer l'avoine et le germe de blé et ramener à ébullition. Baisser le feu et cuire à feu doux, en remuant, environ 8 minutes ou jusqu'à ce que le mélange épaississe. Ajouter les amandes et l'édulcorant.

Donne 4 portions.

Petit-déjeuner aux grains de blé

FEU VERT

Cette recette vient de Gwyneth, une adepte du régime I. G. Elle la prépare depuis plusieurs années, surtout à l'occasion d'excursions en canot. Vous pouvez acheter des grains de blé, qu'on appelle aussi amandes du blé, dans les boutiques d'aliments naturels ou d'aliments en vrac. Si vous les faites tremper toute la nuit, les grains vont s'ouvrir et produire un noyau de blé délicat.

250 ml (1 tasse)	grains de blé
1 l (4 tasses)	eau
	Lait écrémé
	Édulcorant
	Amandes tranchées
	Fruits frais (comme des petits fruits ou des pêches)

1. Mettre les grains de blé et l'eau dans une casserole ; amener à ébullition. Baisser le feu et laisser mijoter 20 minutes.
2. Mettre les grains de blé et l'eau dans un grand thermos, un pot Masson ou un contenant hermétique résistant à la chaleur, et fermer hermétiquement. Laisser reposer toute la nuit.
3. Égoutter l'eau des grains de blé. Servir environ ¾ de tasse de grains de blé avec du lait, de l'édulcorant, des amandes et des fruits au goût.

Donne environ 3 portions.

Conseil utile : s'il y a des restes, mettez-les au réfrigérateur.

Crêpes au babeurre   FEU VERT

Cette recette vient de Michelle R. Bien qu'on puisse avoir l'impression que le babeurre est riche et interdit, il contient en fait très peu de matières grasses et donne beaucoup de saveur aux crêpes.

500 ml (2 tasses)	farine de blé entier
15 ml (1 c. à soupe)	levure chimique (poudre à pâte)
10 ml (2 c. à thé)	édulcorant
500 ml (2 tasses)	babeurre
80 ml (⅓ tasse)	œuf liquide
30 ml (2 c. à soupe)	huile de canola
7 ml (1½ c. à thé)	vanille

1. Dans un grand bol, mélanger la farine de blé entier, la levure chimique et l'édulcorant. Dans un autre bol, fouetter le babeurre, l'œuf liquide, l'huile de canola et la vanille. Verser le mélange au babeurre sur la préparation d'ingrédients secs et fouetter jusqu'à ce que le tout soit homogène.

2. Faire chauffer une plaque chauffante antiadhésive ou une grande poêle antiadhésive à feu moyen. Verser le mélange à crêpes sur la plaque. Cuire 2 minutes, ou jusqu'à ce que des bulles se forment à la surface. À l'aide d'une spatule, tourner la crêpe et cuire encore une minute, ou jusqu'à ce qu'elle soit dorée. Répéter l'exercice avec le reste de la pâte à crêpes.

Donne environ 16 crêpes, c'est-à-dire de 4 à 6 portions.

Pain doré à la cannelle   FEU VERT

Servez avec du jambon ou du bacon de dos et quelques fraises supplémentaires pour obtenir un petit-déjeuner complet. Il plaira à toute la famille.

175 ml (¾ tasse)	œuf liquide
125 ml (½ tasse)	lait écrémé
15 ml (1 c. à soupe)	édulcorant
5 ml (1 c. à thé)	vanille
2,5 ml (½ c. à thé)	cannelle
Pincée	sel
4	tranches de pain de blé entier moulu sur pierre
5 ml (1 c. à thé)	huile de canola
500 ml (2 tasses)	fraises tranchées
125 ml (½ tasse)	yogourt à saveur de fruits 0 % M. G. et sans sucre

1. Dans un plat peu profond, fouetter l'œuf liquide, le lait, l'édulcorant, la vanille, la cannelle et le sel. Tremper chaque tranche de pain dans le mélange, en prenant bien soin d'enrober les deux côtés.

2. Entre-temps, badigeonner légèrement d'huile une plaque chauffante antiadhésive ou une grande poêle antiadhésive, et chauffer à feu moyennement élevé. Cuire le pain environ 4 minutes, ou jusqu'à ce qu'il prenne une couleur brun doré. Tourner une fois. Servir chaque tranche avec des fraises et du yogourt.

Donne 2 portions.

Crêpes légères

Les crêpes sont souvent réservées aux petits-déjeuners du week-end. Vous pouvez également vous en régaler en semaine en les congelant à l'avance. Le mardi ou le mercredi, glissez simplement les crêpes congelées dans le grille-pain et régalez-vous.

160 ml (¼ tasse)	farine tout usage
175 ml (¾ tasse)	farine de blé entier
60 ml (¼ tasse)	son de blé
15 ml (1 c. à soupe)	levure chimique
1 ml (¼ c. à thé)	sel
1 ml (¼ c. à thé)	muscade
375 ml (1 ½ tasse)	lait écrémé
125 ml (½ tasse)	œuf liquide
30 ml (2 c. à soupe)	huile de canola
30 ml (2 c. à soupe)	édulcorant
5 ml (1 c. à thé)	vanille

1. Dans un grand bol, mélanger la farine tout usage, la farine de blé entier, le son de blé, la levure chimique, le sel et la muscade. Dans un autre bol, fouetter le lait, l'œuf liquide, l'huile, l'édulcorant et la vanille. Verser le mélange liquide sur les ingrédients secs et fouetter jusqu'à ce que la préparation soit homogène.
2. Faire chauffer une plaque chauffante antiadhésive ou une grande poêle antiadhésive à feu moyen. Verser le mélange à crêpes sur la plaque. Cuire environ 2 minutes, ou jusqu'à ce que des bulles se forment à la surface. À l'aide d'une spatule, tourner la crêpe et cuire encore une minute, ou jusqu'à ce qu'elle soit dorée. Répéter l'exercice avec le reste de la pâte à crêpes.

Donne environ 16 crêpes, c'est-à-dire de 4 à 6 portions.

Conservation : vous pouvez congeler ces crêpes en les plaçant en une seule épaisseur sur une plaque à pâtisserie jusqu'à ce qu'elles soient fermes. Lorsqu'elles sont congelées, mettez-les dans un contenant hermétique.

Crêpes aux petits fruits FEU VERT

Les crêpes peuvent sembler difficiles à faire, mais c'est en fait assez simple. Assurez-vous seulement que la poêle est très chaude lorsque vous y versez le mélange. Celui-ci devrait commencer à prendre dès que vous le versez dans la poêle.

125 ml (½ tasse)	farine de blé entier
15 ml (1 c. à soupe)	graines de lin moulu ou germe de blé
Pincée	sel
250 ml (1 tasse)	lait écrémé
125 ml (½ tasse)	œuf liquide
5 ml (1 c. à thé)	vanille
5 ml (1 c. à thé)	huile de canola
500 ml (2 tasses)	bleuets frais et framboises fraîches
30 ml (2 c. à soupe)	édulcorant
15 ml (1 c. à soupe)	menthe fraîche hachée (facultatif)
Pincée	cannelle
250 ml (1 tasse)	fromage de yogourt (voir recette page 128)

1. Dans un bol, mélanger la farine, les graines de lin et le sel. Dans un autre bol, fouetter le lait, l'œuf liquide et la vanille. Verser le mélange liquide sur les ingrédients secs et fouetter jusqu'à l'obtention d'un mélange homogène. Laisser reposer à température ambiante au moins 15 minutes, ou couvrir et réfrigérer jusqu'à 2 heures.

2. Faire chauffer à feu moyen une poêle ou une crêpière antiadhésive badigeonnée d'un peu d'huile. Verser à peine ¼ de tasse du mélange à crêpes et faire tourner la poêle pour tapisser le fond. Cuire environ 2 minutes, ou jusqu'à ce que la crêpe soit ferme et légèrement dorée. Tourner et cuire de l'autre côté, 30 secondes. Déposer la crêpe dans une assiette et recommencer avec le reste de la pâte.

3. Dans un grand bol, mélanger les bleuets, les framboises, l'édulcorant, la menthe (le cas échéant) et la cannelle. Mettre environ $\frac{1}{3}$ de tasse du mélange de petits fruits au centre de chaque crêpe et rouler. Servir avec du fromage de yogourt et le reste des petits fruits.

Donne environ 10 crêpes, c'est-à-dire 4 portions.

Note : parfois la première crêpe est ratée. C'est pourquoi la recette vous donne un peu de pâte supplémentaire pour vous exercer. Si vous êtes un as de la crêpe, vous aurez une portion de plus.

Omelette soufflée aux pommes

FEU VERT

Dans cette recette, vous pouvez remplacer les pommes par votre fruit de saison favori. Essayez les pêches ou les poires.

4	pommes à cuire évidées
10 ml (2 c. à thé)	margarine molle non hydrogénée
80 ml (⅓ tasse)	jus de pomme
1 ml (¼ c. à thé)	muscade
Pincée	piment de la Jamaïque et clous de girofle
175 ml (¾ tasse)	œuf liquide
125 ml (½ tasse)	lait écrémé
125 ml (½ tasse)	flocons d'avoine
60 ml (¼ tasse)	farine de blé entier
1 ml (¼ c. à thé)	sel

1. Couper chaque pomme en 8 tranches. Entre-temps, dans une grande casserole antiadhésive, chauffer la margarine à feu moyen ; ajouter les tranches de pommes, le jus de pomme, la muscade, la pincée de piment et les clous de girofle. Cuire 15 minutes environ, ou jusqu'à ce que les pommes ramollissent légèrement. Mettre les tranches de pommes dans un plat carré de 20 cm allant au four ; réserver.

2. Dans un grand bol, fouetter l'œuf liquide, le lait, les flocons d'avoine, la farine et le sel. Verser sur les pommes et cuire au four à 180 °C (350 °F) pendant environ 20 minutes, ou jusqu'à ce que l'omelette soit gonflée et d'une couleur brun doré, et qu'un couteau inséré au centre en ressorte propre.

Donne 4 portions.

Option plus rapide : remplacer les pommes par une grosse boîte de pêches ou de poires tranchées, égouttées. Aucune cuisson n'est nécessaire.

Omelette au bacon de dos FEU VERT

La saveur fumée du bacon fait le succès de cette omelette. Servez-la avec des fruits frais et du yogourt pour obtenir un petit-déjeuner copieux.

5 ml (1 c. à thé)	huile de canola
125 ml (½ tasse)	œuf liquide
15 ml (1 c. à soupe)	basilic frais, haché (ou ½ c. à thé de basilic séché)
15 ml (1 c. à soupe)	fromage parmesan râpé
Pincée	poivre
2	tranches de bacon de dos ou de jambon haché
¼	poivron rouge ou vert haché

1. Dans une petite poêle antiadhésive, faire chauffer l'huile à feu moyennement élevé. Dans un bol, mélanger à la fourchette l'œuf liquide, le basilic, le fromage et le poivron. Verser le mélange dans la poêle et cuire 5 minutes environ, ou jusqu'à ce que l'omelette prenne, en soulevant les bords pour que les œufs non cuits coulent dessous.

2. Ajouter le bacon et le poivron rouge ou vert sur la moitié de l'omelette. À l'aide d'une spatule, replier et cuire 1 minute. Glisser l'omelette dans une assiette.

Donne 1 portion.

Options pour la garniture : essayez d'autres ingrédients pour garnir votre omelette, comme 125 ml (½ tasse) d'épinards cuits, hachés, de bettes à cardes ou d'asperges, ou 60 ml (¼ tasse) de fromage suisse ou havarti léger. Si vous êtes amateurs de fruits de mer, essayez 125 ml (½ tasse) de petites crevettes ou de chair de crabe.

Frittata florentine

La frittata est une omelette italienne facile à préparer et que l'on n'a pas besoin de tourner. Il suffit de la glisser sous le gril pour en terminer la cuisson. Servie sur une tranche de pain grillé de blé entier moulu sur pierre et accompagnée d'une salade verte, elle fait un petit-déjeuner délicieux.

10 ml (2 c. à thé)	huile d'olive extra-vierge
1	petit oignon, coupé en dés
2	gousses d'ail hachées finement
1	poivron rouge haché
30 ml (2 c. à soupe)	origan frais, haché (ou 10 ml [2 c. à thé] d'origan séché)
1	sac (300 g) de jeunes pousses d'épinards fraîches
2,5 ml (½ c. à thé)	sel
160 ml (¼ tasse)	œuf liquide
60 ml (¼ tasse)	lait écrémé
Pincée	sel

1. Dans une grande poêle antiadhésive avec une poignée qui peut aller au four, faire chauffer l'huile à feu moyen-vif ; ajouter l'oignon, l'ail, le poivron rouge et l'origan. Cuire, en remuant, 5 minutes environ, ou jusqu'à ce que l'oignon soit doré. Ajouter les épinards et la moitié du sel ; couvrir et cuire 2 minutes environ, ou jusqu'à ce que les épinards soient flétris.

2. Dans un bol, fouetter l'œuf liquide, le lait écrémé, le reste du sel et le poivre. Verser le mélange dans la poêle et remuer légèrement pour l'incorporer aux épinards. Cuire, en remuant délicatement, pendant 2 minutes environ. Soulever les bords pour que les œufs non cuits coulent dessous. Cuire 3 minutes de plus, ou jusqu'à ce que le dessus soit ferme. Mettre la poêle sous le gril 3 minutes environ, ou jusqu'à ce que l'omelette prenne une couleur brun doré et qu'un couteau inséré au centre en ressorte propre.

Donne 2 portions.

Omelette aux crevettes et aux champignons

FEU VERT

Mon mari adore cette omelette au petit-déjeuner les week-ends. Elle complète en outre avantageusement la table d'un brunch.

225 g (½ lb)	petites crevettes crues, décortiquées et déveinées
20 ml (4 c. à thé)	huile de canola
½	petit oignon, coupé en dés
2	gousses d'ail, hachées finement
500 ml (2 tasses)	champignons tranchés
10 ml (2 c. à thé)	thym frais, haché (ou ½ c. à thé de thym séché)
1 ml (¼ c. à thé)	sel
Pincée	poivre
½	poivron rouge, en fines lanières
160 ml (¼ tasse)	œuf liquide
80 ml (⅓ tasse)	persil italien frais, haché

1. Dans une grande poêle antiadhésive, faire chauffer 5 ml (1 c. à thé) d'huile à feu moyennement élevé ; cuire les crevettes environ 4 minutes, ou jusqu'à ce qu'elles prennent une coloration rosée. Réserver au chaud. Remettre la poêle sur le feu moyennement élevé et ajouter 5 ml (1 c. à thé) d'huile. Cuire l'oignon et l'ail 2 minutes environ, ou jusqu'à ce que l'oignon commence à brunir. Ajouter les champignons, le thym, le sel et le poivre ; cuire, en remuant, 8 minutes, ou jusqu'à ce que tout le liquide soit évaporé et que les champignons soient dorés. Ajouter le poivron rouge et mélanger le tout avec les crevettes cuites.

2. Dans la même poêle, faire chauffer le reste de l'huile à feu moyen-vif. Dans un bol, à la fourchette, mélanger l'œuf liquide et le persil. Verser le mélange dans la poêle et cuire 5 minutes, ou jusqu'à ce que l'omelette soit ferme. Soulever les bords pour que les œufs non cuits coulent dessous.

3. Ajouter le mélange aux crevettes et aux champignons sur la moitié de l'omelette. À l'aide d'une spatule, replier à moitié et cuire une minute. Glisser l'omelette dans une assiette et la couper en deux.

Donne 2 portions.

Les soupes

Soupe aux haricots ronds blancs

Cette recette vient de Beth F., qui a adopté le régime I. G. après en avoir entendu parlé à la radio. Son mari et elle sont tous deux heureux de leur nouveau style d'alimentation et ils aiment manger cette soupe épaisse et nourrissante au dîner.

3 l (12 tasses)	d'eau
500 ml (2 tasses)	haricots ronds blancs secs
2	carottes hachées
1	gros oignon haché
1	branche de céleri hachée
1	feuille de laurier
5 ml (1 c. à thé)	sel
Pincée	poivre
	Sauce Tabasco

1. Dans une marmite, amener 8 tasses d'eau et les haricots à ébullition. Baisser le feu et laisser mijoter 1 heure, ou jusqu'à ce que les haricots soient presque tendres. Ajouter le reste de l'eau, les carottes, l'oignon, le céleri et la feuille de laurier et cuire 1 heure, ou jusqu'à ce que les légumes et les haricots soient tendres. Retirer la feuille de laurier. Ajouter le sel et le poivre. Servir avec de la sauce Tabasco, si désiré.

Donne 4 portions.

Soupe consistante à l'oignon

FEU VERT

Je ne fais pas cette soupe délicieuse assez souvent. Si vous n'avez pas de bols pour soupe à l'oignon, vous pouvez la verser dans des bols qui vont au four à micro-ondes pour y faire fondre le fromage. Ajoutez un peu de sauce Tabasco pour lui donner un peu plus de piquant.

15 ml (1 c. à soupe)	huile de canola
6	oignons, tranchés finement
2	gousses d'ail hachées finement
2,5 ml (½ c. à thé) sel	
30 ml (2 c. à soupe)	farine de blé entier
1,5 l (6 tasses)	bouillon de bœuf (à faible teneur en matières grasses et en sel)
125 ml (½ tasse)	vin rouge
30 ml (2 c. à soupe)	xérès (sherry) sec ou cognac
1	feuille de laurier
2,5 ml (½ c. à thé)	poivre
4	tranches de pain de blé entier moulu sur pierre, grillées
250 ml (1 tasse)	fromage suisse ou Jarlsberg 0 % M. G., râpé

1. Dans une marmite, faire chauffer l'huile à feu moyen-vif. Cuire les oignons, l'ail et le sel, en remuant souvent, environ 10 minutes, ou jusqu'à ce que les oignons commencent à brunir. Baisser le feu et continuer la cuisson à feu doux, en remuant de temps en temps, 20 minutes, ou jusqu'à ce que les oignons soient très dorés et très tendres. Ajouter la farine et remuer pendant 1 minute pour enrober les oignons.

2. Ajouter le bouillon de bœuf, le vin, le xérès, la feuille de laurier et le poivre ; amener à ébullition. Baisser le feu et laisser mijoter 30 minutes. Retirer la feuille de laurier.

3. Verser la soupe dans les bols. La couvrir de pain et saupoudrer du fromage sur le dessus. Cuire au four à 200 °C (425 °F) 15 minutes, ou jusqu'à ce que le fromage bouillonne. Cuire sous le gril 30 secondes pour faire brunir le dessus.

Donne 4 portions.

Option plus légère : pour obtenir une soupe encore plus légère, omettez le fromage et le pain.

Conservation : vous pouvez préparer cette soupe jusqu'à l'étape 2 trois jours à l'avance. Laissez-la refroidir dans la marmite à température ambiante, couvrez et réfrigérez. Réchauffer avant de procéder à l'étape 3.

Conseil utile : pour faire vous-mêmes vos toasts, mettez les tranches de pain sur une plaque à pâtisserie. Faites-les cuire au four à 180 °C (350 °F) environ 20 minutes, ou jusqu'à ce que le pain ait séché. Tournez les tranches une fois.

Soupe au miso FEU VERT

La soupe au miso commence délicieusement un souper d'inspiration asiatique. Le miso est une pâte de soya fermentée dont la couleur varie du blanc au brun foncé. Plus la couleur est pâle, plus la saveur est douce. Comme le miso a tendance à couler au fond, prenez la peine de remuer votre soupe en la mangeant pour profiter de toute sa riche saveur.

1 l (4 tasses)	bouillon de légumes (à faible teneur en matières grasses et en sel)
500 ml (2 tasses)	eau
1	feuille de nori
250 ml (1 tasse)	tofu ferme, en dés
250 ml (1 tasse)	champignons tranchés
3	oignons verts hachés
45 ml (3 c. à soupe)	pâte de miso
15 ml (1 c. à soupe)	sauce soya

1. Dans une marmite, amener le bouillon de légumes et l'eau à ébullition.

2. Entre-temps, défaire le nori en petits morceaux. Ajouter le nori, le tofu, les champignons, les oignons verts, la pâte de miso et la sauce soya dans la marmite. Baisser le feu et laisser mijoter environ 20 minutes, ou jusqu'à ce que le nori et les champignons soient tendres.

Donne 4 portions.

Conseils utiles : le nori sert à préparer les rouleaux de sushi dans la cuisine japonaise. Vous trouverez le nori, ou feuilles d'algues grillées, dans la section internationale de votre supermarché. Les épiceries qui vendent des sushi vendent parfois aussi les ingrédients qui servent à les préparer. Sinon, vous en trouverez dans une épicerie asiatique.

Le miso se vend dans les boutiques d'aliments naturels et d'aliments en vrac, ainsi que dans les épiceries asiatiques et certains magasins d'alimentation spécialisés.

Soupe toscane aux haricots blancs   FEU VERT

J'ai goûté cette soupe paysanne pour la première fois en Toscane et je l'ai tout de suite adorée. Je la sers dans des bols à soupe en céramique italienne en rêvant que je suis de retour en Toscane.

15 ml (1 c. à soupe)	huile d'olive extra-vierge
1	oignon haché
4	gousses d'ail hachées finement
1	carotte hachée
1	branche de céleri hachée
4	feuilles de sauge fraîche ou ½ c. à thé de sauge séchée
1,5 l (6 tasses)	bouillon de légumes ou de poulet (faible en matières grasses et en sel)
2	boîtes (540 ml – 19 oz) de haricots cannellini ou de haricots blancs égouttés et rincés
1 l (4 tasses)	chou frisé en lanières
Pincée	sel et poivre

1. Dans une marmite, faire chauffer l'huile à feu moyen. Ajouter l'oignon, l'ail, la carotte, le céleri et la sauge et cuire 5 minutes ou jusqu'à ce que les légumes soient ramollis.

2. Ajouter le bouillon, les haricots, le chou, le sel et le poivre, et cuire 20 minutes, en remuant occasionnellement, ou jusqu'à ce que le chou soit tendre.

Donne 4 portions.

Soupe Minestrone   FEU VERT

Cette soupe est l'une de celles que je préfère, parce qu'elle contient des pâtes et des épinards. Servez-la avec un peu de parmesan râpé pour en rehausser la saveur et avec quelques flocons de piment rouge pour vous réchauffer le sang.

10 ml (2 c. à thé)	huile de canola
3	tranches de bacon de dos hachées
1	oignon haché
4	gousses d'ail hachées finement
2	carottes hachées
1	branche de céleri hachée
15 ml (1 c. à soupe)	origan séché
2,5 ml (½ c. à thé)	flocons de piment rouge
1 ml (¼ c. à thé)	sel et poivre
1	boîte (796 ml -28 oz) de tomates italiennes
1,5 l (6 tasses)	bouillon de poulet (à faible teneur en matières grasses et en sel)
1	sac (300 g) de jeunes pousses d'épinard
1	boîte (540 ml – 19 oz) de haricots rouges égouttés et rincés
1	boîte (540 ml – 19 oz) de pois chiches égouttés et rincés
175 ml (¾ tasse)	pâtes ditali ou tubetti
80 ml (⅓ tasse)	persil italien frais, haché
30 ml (2 c. à soupe)	basilic frais, haché (facultatif)

1. Dans une marmite, faire chauffer l'huile à feu moyen-élevé et cuire le bacon de dos pendant 2 minutes. Baisser le feu à moyen et ajouter l'oignon, l'ail, la carotte, le céleri, l'origan, les flocons de piment rouge, le sel et le poivre. Cuire 10 minutes environ, ou jusqu'à ce que les légumes soient tendres et légèrement dorés.

2. Ajouter les tomates et les écraser dans la marmite au moyen d'un pilon à pommes de terre. Baisser le feu et ajouter les épinards, les haricots, les pois chiches et les pâtes. Cuire 20 minutes à feu doux, ou jusqu'à ce que les pâtes soient tendres. Ajouter le persil et le basilic (au goût).

Donne 6 portions.

Option végétarienne : omettez le bacon de dos et utilisez du bouillon de légumes à la place du bouillon de poulet.

Soupe à saveur fumée aux haricots noirs

FEU VERT

Chaque fois que je fais cette soupe, mon mari en redemande. La saveur merveilleuse de la dinde fumée en relève le goût. Vous trouverez des cuisses de dinde fumée au comptoir des charcuteries de votre supermarché.

15 ml (1 c. à soupe)	huile de canola
1	oignon haché
2	gousses d'ail hachées finement
1	piment jalapeño épépiné et haché finement
2	boîtes (540 ml ch. – 19 oz) de haricots noirs égouttés et rincés
1,5 l (6 tasses)	bouillon de poulet (à faible teneur en matières grasses et en sel)
1	cuisse de dinde fumée (environ 560 g – 1 ¼ lb)
60 ml (¼ tasse)	purée de tomates
2	poivrons verts coupés en dés
1	tomate épépinée et coupée en dés
80 ml (⅓ tasse)	coriandre fraîche hachée
60 ml (¼ tasse)	crème sure légère

1. Dans une marmite, faire chauffer l'huile à feu moyen. Faire cuire l'oignon, l'ail et le piment jalapeño 3 minutes, ou jusqu'à ce que les légumes soient ramollis. Ajouter les haricots, le bouillon, la cuisse de dinde et la purée de tomate. Amener à ébullition ; réduire le feu et laisser mijoter 1 heure, ou jusqu'à ce que la dinde commence à se défaire.

2. Retirer la cuisse de dinde et réserver. Verser la soupe petit à petit dans un mélangeur et réduire en une purée onctueuse. Remettre la purée dans la marmite à feu moyen. Ajouter les poivrons et les tomates et réchauffer jusqu'à ce que la purée soit fumante.

3. Entre-temps, désosser la cuisse de dinde et couper la viande en morceaux ; ajouter la viande dans la soupe. Pour servir, parsemer de coriandre et décorer d'une bonne cuillerée de crème sure.

Donne 4 portions.

Option jambon : vous pouvez remplacer la cuisse de dinde par du jambon fumé ou un jarret de porc.

Soupe au jambon
et aux lentilles

FEU VERT

*Les lentilles en conserve rendent cette soupe rapide et facile à
préparer, alors ayez-en toujours dans votre garde-manger. Si vous
voulez que cette soupe soit encore plus feu vert, utilisez des lentilles
sèches (voir les instructions au bas de la page).*

15 ml (1 c. à soupe)	huile de canola
1	oignon haché
125 ml (½ tasse)	céleri haché
2	gousses d'ail hachées finement
1,5 l (6 tasses)	bouillon de poulet (à faible teneur en matières grasses et en sel)
2	boîtes (540 ml ch. – 19 oz) de lentilles, égouttées et rincées
165 g (6 oz)	jambon forêt noire en dés
1	poivron rouge coupé en dés
2	tomates épépinées et coupées en dés
30 ml (2 c. à soupe)	persil italien frais, haché

1. Dans une marmite, faire chauffer l'huile à feu moyen et cuire l'oignon, le céleri et l'ail 5 minutes, ou jusqu'à ce que les légumes soient tendres. Ajouter le bouillon, les lentilles, le jambon et le poivron rouge ; amener à ébullition. Baisser le feu et ajouter les tomates. Couvrir et laisser mijoter 20 minutes. Ajouter le persil.

Donne 4 portions.

Option lentilles sèches : versez une tasse de lentilles sèches vertes ou brunes dans la préparation avec le bouillon, couvrez et laissez mijoter 30 minutes, ou jusqu'à ce que les lentilles soient tendres.

Soupe aux champignons, à l'orge et au bœuf

FEU VERT

Une soupe épaisse et consistante comme un ragoût qui vous réchauffera pendant les soirées froides d'hiver. Un véritable plat de réconfort pour l'âme et l'estomac.

15 ml (1 c. à soupe)	huile de canola
225 g (½ lb)	bœuf haché extra-maigre
1	oignon haché
2	gousses d'ail hachées finement
450 g (1 lb)	champignons tranchés
1	carotte hachée
1	branche de céleri hachée
15 ml (1 c. à soupe)	thym frais (ou 5 ml [1 c. à thé] de thym séché)
30 ml (2 c. à soupe)	purée de tomates
15 ml (1 c. à soupe)	vinaigre balsamique
1 ml (¼ c. à thé)	sel et poivre
1 l (4 tasses)	bouillon de bœuf (à faible teneur en matières grasses et en sel)
750 ml (3 tasses)	eau
125 ml (½ tasse)	orge
1	feuille de laurier
1	boîte (540 ml – 19 oz) de haricots noirs, égouttés et rincés

1. Dans une grande marmite profonde, faire chauffer l'huile à feu moyen-vif, et cuire le bœuf jusqu'à ce qu'il perde sa couleur rosée. Baisser le feu à moyen et ajouter l'oignon et l'ail ; cuire en remuant 5 minutes. Ajouter les champignons, la carotte, le céleri et le thym et cuire 15 minutes, ou jusqu'à ce que le liquide soit évaporé des champignons.

2. Ajouter la purée de tomates, le vinaigre, le sel et le poivre ; remuer pour enrober les légumes. Ajouter le bouillon, l'eau, l'orge et la feuille de laurier ; amener à ébullition. Baisser le feu, couvrir et laisser mijoter 45 minutes, ou jusqu'à ce que l'orge soit tendre. Ajouter les haricots et réchauffer. Retirer la feuille de laurier.

Donne de 4 à 6 portions.

Option poulet : vous pouvez utiliser du poulet ou de la dinde hachés au lieu du bœuf, et du bouillon de poulet au lieu du bouillon de bœuf.

Note : il existe des champignons de toutes les formes et de toutes les tailles. Choisissez pour cette soupe ceux que vous préférez : les champignons (cremini) blancs ou bruns, les shiitakes, les pleurotes ou même les portobellos.

Cioppino

FEU VERT

Ce ragoût de poisson d'influence italienne se prépare avec n'importe quel poisson frais du jour. Si vous y ajoutez des crustacés, comme du crabe, des palourdes ou du homard, vous en ferez un plat suffisamment impressionnant pour l'inscrire au menu de vos réceptions.

15 ml (1 c. à soupe)	huile d'olive
1	oignon haché
4	gousses d'ail hachées finement
1	poivron vert haché
1	boîte (796 ml – 29 oz) de tomates en dés, égouttées
250 ml (1 tasse)	bouillon de poisson ou de poulet (à faible teneur en matières grasses et en sel)
125 ml (½ tasse)	vin rouge
125 ml (½ tasse)	persil italien frais, haché
5 ml (1 c. à thé)	origan séché
2,5 ml (½ c. à thé)	basilic séché (ou 30 ml [2 c. à soupe] de basilic frais)
2,5 ml (½ c. à thé)	flocons de piment rouge
225 g (½ lb)	moules rincées
225 g (½ lb)	filets de morue
225 g (½ lb)	grosses crevettes crues, décortiquées et déveinées

1. Dans une marmite, faire chauffer l'huile à feu moyen. Faire cuire l'oignon, l'ail et le poivron environ 5 minutes, ou jusqu'à ce que les légumes soient tendres. Ajouter les tomates, le bouillon de poisson, le vin, la moitié du persil, l'origan, le basilic et les flocons de piment rouge ; amener à ébullition. Baisser le feu et laisser mijoter 15 minutes.

2. Entre-temps, brosser et ébarber les moules ; jeter celles qui ne se ferment pas au choc. Mettre les moules, la morue et les crevettes dans la marmite ; couvrir et cuire 5 minutes, ou jusqu'à ce que les moules s'ouvrent et que la morue et les crevettes soient fermes. Incorporer délicatement le reste du persil.

Donne 3 portions.

Soupe thaïe aux crevettes   FEU VERT

Cette soupe est l'une des préférées de ma sœur. Vous pouvez la préparer avec du poulet ou des pétoncles à la place des crevettes. Vous trouverez la citronnelle au comptoir des herbes fraîches de la section fruits et légumes du supermarché. Enlevez la partie herbeuse et utilisez la partie inférieure plus épaisse. Frappez la tige avec le dos de votre couteau pour libérer une partie du jus avant de couper. Si vous ne trouvez pas de citronnelle, utilisez 4 gros zestes de citron.

1 l (4 tasses)	bouillon de poulet ou de légumes (à faible teneur en matières grasses et en sel)
60 ml (¼ tasse)	gingembre frais, tranché finement
2	tiges de citronnelle, coupées en morceaux de 2,5 cm
1	gousse d'ail hachée finement
15 ml (1 c. à soupe)	piment fort haché fin (ou 15 ml [1 c. à soupe] de flocons de piment rouge)
450 g (1 lb)	grosses crevettes crues, décortiquées et déveinées
115 g (4 oz)	vermicelles de riz
500 ml (2 tasses)	germes de soya
2	oignons verts hachés
30 ml (2 c. à soupe)	vinaigre de riz
60 ml (¼ tasse)	feuilles de coriandre fraîche

1. Dans une marmite, amener le bouillon, le gingembre, la citronnelle, l'ail et le piment fort à ébullition. Baisser le feu et laisser mijoter 15 minutes. Ajouter les crevettes, les nouilles, les germes de soya et les oignons verts ; cuire, en remuant, 5 minutes, ou jusqu'à ce que les crevettes soient roses et les nouilles tendres.

2. Servir chaque bol avec un peu de vinaigre, et parsemer de coriandre.

Donne de 4 à 6 portions.

Note : le gingembre et la citronnelle sont tous deux trop coriaces pour la consommation, mais ils donnent beaucoup de saveur.

Les salades

Salade crémeuse aux concombres

Cette salade rappelle les trempettes pour légumes. Utilisez un concombre anglais si vous en trouvez. Sinon, prenez un concombre de pleine terre et enlevez les pépins.

1	concombre
500 ml (2 tasses)	tomates cerises coupées en deux
80 ml (⅓ tasse)	crème sure légère
80 ml (⅓ tasse)	mayonnaise légère
30 ml (2 c. à soupe)	aneth frais, haché (ou 10 ml [2 c. à thé] d'aneth séché)
1	petite gousse d'ail hachée finement
2,5 ml (½ c. à thé)	zeste de citron râpé
15 ml (1 c. à soupe)	jus de citron
2,5 ml (½ c. à thé)	sel et poivre
1 ml (¼ c. à thé)	graines de céleri écrasées

1. Couper les extrémités du concombre. Le couper en deux dans le sens de la longueur, puis en minces tranches. Mettre le concombre dans un grand bol avec les tomates et réserver.
2. Dans un petit bol, fouetter la crème sure, la mayonnaise, l'aneth, l'ail, le zeste et le jus de citron, le sel, le poivre et les graines de céleri. Verser sur le mélange au concombre et remuer délicatement pour bien enrober.

Donne 4 portions.

Options : cette salade sera tout aussi délicieuse si vous remplacez les tomates par des poivrons, des carottes, des radis, du brocoli ou du chou-fleur.

Salade de jeunes pousses d'épinards et vinaigrette au babeurre

FEU VERT

Cette combinaison classique de bacon et d'épinards a toujours beaucoup de succès. Si vous avez l'intention d'emporter cette salade pour le dîner au bureau, emballez les légumes et la vinaigrette séparément.

6	tranches de bacon de dos
1	sac (300 g) de jeunes pousses d'épinards fraîches
250 ml (1 tasse)	pois chiches cuits
4	radis tranchés finement
250 ml (1 tasse)	germes de soya
1	poivron rouge en fines lanières
80 ml (⅓ tasse)	oignon rouge tranché finement

Vinaigrette crémeuse au babeurre

60 ml (¼ tasse)	babeurre ou crème sure légère
30 ml (2 c. à soupe)	mayonnaise légère
15 ml (1 c. à soupe)	vinaigre de cidre
10 ml (2 c. à thé)	graines de pavot
5 ml (1 c. à thé)	moutarde de Dijon
2,5 ml (½ c. à thé)	édulcorant
1 ml (¼ c. à thé)	sel et poivre

1. Dans une poêle antiadhésive, faire cuire le bacon de dos à feu moyen élevé jusqu'à ce qu'il soit croustillant. Laisser refroidir et hacher grossièrement. Dans un grand bol, mélanger les épinards, les pois chiches, les radis, les germes de soya, le poivron rouge et l'oignon.

2. Vinaigrette crémeuse au babeurre : Dans un petit bol, fouetter le babeurre, la mayonnaise, le vinaigre, les graines de pavot, la moutarde, l'édulcorant, le sel et le poivre.

3. Verser la vinaigrette sur la salade et remuer délicatement pour enrober. Parsemer de bacon de dos et remuer de nouveau.

Donne 4 portions.

Préparation à l'avance : vous pouvez préparer la vinaigrette
jusqu'à 3 jours à l'avance et la conserver au réfrigérateur. Vous
pouvez également préparer les légumes pour la salade une
journée à l'avance.

Option salade d'oranges : omettez le bacon de la recette. Enlevez
l'écorce et la peau blanche de 2 oranges, coupez les fruits en
minces rondelles et ajoutez-les aux épinards. Vinaigrette à
l'orange : Remplacez le babeurre par 60 ml (¼ tasse) de jus
d'orange.

Salade piquante
de chou rouge et vert

FEU VERT

La vinaigrette dans la salade de chou réduit la teneur en matières grasses et la rend vraiment piquante ! Cette salade se conserve bien au réfrigérateur et est idéale pour les repas communautaires.

1 l (4 tasses)	chou vert découpé en lanières
500 ml (2 tasses)	chou rouge découpé en lanières
2	carottes râpées
125 ml (½ tasse)	céleri tranché finement
60 ml (¼ tasse)	persil italien frais, haché
125 ml (½ tasse)	vinaigre de cidre
30 ml (2 c. à soupe)	huile de canola
10 ml (2 c. à thé)	édulcorant
5 ml (1 c. à thé)	graines de céleri
2,5 ml (½ c. à thé)	sel
Pincée	poivre

1. Dans un grand bol, mélanger le chou vert, le chou rouge, les carottes, le céleri et le persil.

2. Dans un petit bol, mélanger le vinaigre, l'huile, l'édulcorant, les graines de céleri, le sel et le poivre. Verser sur les légumes et remuer pour enrober.

Donne de 4 à 6 portions.

Conservation : la salade se conserve jusqu'à 2 jours au réfrigérateur dans un contenant couvert.

Option vinaigrette crémeuse : fouettez ensemble 60 ml (¼ tasse) de yogourt nature et de mayonnaise légère, 30 ml (2 c. à soupe) de vinaigre de cidre, 15 ml (1 c. à soupe) de moutarde de Dijon, 10 ml (2 c. à thé) d'édulcorant, 2,5 ml (½ c. à thé) de graines de céleri et 1 ml (¼ c. à thé) de sel.

Salade de courgettes

FEU VERT

Voici une façon originale d'utiliser les courgettes qui envahissent peut-être votre jardin. Servez cette salade croquante en mets d'accompagnement des Cuisses de poulet grillées au romarin (voir la recette à la page 211).

6	courgettes parées
2	poivrons rouges hachés
60 ml (¼ tasse)	persil italien frais, haché
60 ml (¼ tasse)	basilic frais, haché
45 ml (3 c. à soupe)	vinaigre balsamique
30 ml (2 c. à soupe)	huile d'olive extra-vierge
2	gousses d'ail hachées finement
1 ml (¼ c. à thé)	sel et poivre
115 g (4 oz)	prosciutto, sans le gras

1. Couper les courgettes en deux dans le sens de la longueur ; puis en tranches de 1,25 cm d'épaisseur. Dans une grande casserole d'eau bouillante, blanchir les courgettes 1 minute, ou jusqu'à ce qu'elles soient d'un vert brillant et légèrement tendres. Égoutter et plonger les courgettes dans l'eau glacée pour les refroidir et arrêter le processus de cuisson. Égoutter de nouveau et enlever l'excès d'eau ; réserver.

2. Dans un grand bol, mélanger les courgettes blanchies, les poivrons, le persil et le basilic. Dans un petit bol, fouetter ensemble le vinaigre, l'huile, l'ail, le sel et le poivre. Verser ce mélange sur les courgettes, et remuer délicatement pour enrober.

3. Couper le prosciutto en minces lanières et en parsemer la salade.

Donne de 4 à 6 portions.

Conservation : la salade se conserve 24 heures dans un bol couvert d'une pellicule plastique.

Option jambon : vous pouvez remplacer le prosciutto par du jambon Forêt noire, de la dinde fumée ou du poulet cuit.

Salade de pâtes à la roquette et aux poivrons grillés   FEU VERT

La roquette poivrée se marie parfaitement avec les poivrons rouges grillés. Ajoutez un peu de poulet cuit haché, de la dinde ou du jambon pour les repas à emporter de la famille. Cette salade se conserve jusqu'à trois jours au réfrigérateur.

750 ml (3 tasses)	fusilli ou penne de blé entier
1	grosse botte de roquette parée
1 pot (370 ml)	de poivrons rouges grillés, égouttés
1	boîte (398 ml – 14 oz) d'artichauts égouttés et hachés
4	oignons verts hachés
2	tomates épépinées et hachées
60 ml (¼ tasse)	vinaigre de vin blanc
30 ml (2 c. à soupe)	huile d'olive extra-vierge
1	petite gousse d'ail hachée finement
15 ml (1 c. à soupe)	thym frais, haché (ou 5 ml [1 c. à thé] de thym séché)
10 ml (2 c. à thé)	moutarde de Dijon
1 ml (¼ c. à thé)	sel et poivre

1. Dans une grande casserole d'eau salée, faire cuire les pâtes environ 7 minutes, ou jusqu'à ce qu'elles soient *al dente*. Égoutter et rincer à l'eau froide ; mettre les pâtes dans un grand bol.

2. Déchirer la roquette et l'incorporer aux pâtes. Trancher les poivrons en minces lanières et les ajouter aux pâtes avec les artichauts, les oignons verts et les tomates.

3. Dans un petit bol, fouetter le vinaigre, l'huile, l'ail, le thym, la moutarde, le sel et le poivre. Verser le mélange sur la salade et remuer pour enrober.

Donne de 4 à 6 portions.

Salade au guacamole   `FEU VERT`

J'ai mis toutes les merveilleuses saveurs du guacamole dans cette salade délicieuse. Servez-la en hors-d'œuvre à l'occasion d'un souper mexicain, juste avant vos Enchiladas au poulet ou vos Fajitas au bœuf (voir les recettes aux pages 218 et 224). Vous pouvez rouler les restes dans une tortilla de blé entier ou en farcir un pain pita pour le repas du lendemain.

2	avocats hachés
1	tomate hachée
½	poivron jaune coupé en dés
80 ml (⅓ tasse)	oignon rouge coupé en dés
60 ml (¼ tasse)	zeste de citron râpé
30 ml (2 c. à soupe)	jus de citron vert
15 ml (1 c. à soupe)	huile de canola
Pincée	sel
1 l (4 tasses)	laitue romaine en lanières
1	oignon vert haché

1. Mettre dans un grand bol les avocats, la tomate, le poivron, l'oignon, le zeste et le jus de citron vert, et le sel. Remuer délicatement.
2. Répartir la laitue dans deux assiettes à salade. Garnir du mélange aux avocats ; parsemer d'oignons verts.

Donne 2 portions.

Salade de tomates et mozzarella

FEU VERT

Cette salade arbore les couleurs du drapeau italien et se sert très bien en entrée à l'occasion d'un repas à l'italienne. Si vous ne trouvez pas de basilic frais, hachez un peu de persil italien et parsemez-en les tomates et le fromage.

3	petites tomates tranchées
16	minces tranches de mozzarella allégée
16	feuilles de basilic frais
30 ml (2 c. à soupe)	huile d'olive extra-vierge
30 ml (2 c. à soupe)	vinaigre balsamique
1	gousse d'ail hachée finement
1 ml (¼ c. à thé)	poivre

1. Recouvrir chaque tranche de tomate d'une tranche de fromage et d'une feuille de basilic. Disposer les piles sur une grande assiette.
2. Dans un petit bol, fouetter l'huile, le vinaigre, l'ail et le poivre. Verser en filet sur les piles de tomates et de fromage.

Donne 4 portions.

Conseil utile : achetez la mozzarella en petits blocs (227 g — ½ lb). Vous obtiendrez de parfaits petits carrés de fromage joliment assortis aux tranches de tomate.

Salade d'avocat et de fruits frais

FEU JAUNE

L'avocat est quelque peu étonnant dans cette salade rafraîchissante, mais il se marie vraiment bien aux fruits. En outre, il apporte à l'ensemble une jolie couleur contrastante et une riche texture crémeuse.

500 ml (2 tasses)	feuilles de laitue rouge déchirées
1	avocat pelé et haché
1	poivron jaune haché
½	mangue pelée et hachée
½	papaye pelée et hachée
1	oignon vert haché
60 ml (¼ tasse)	persil italien frais, haché

Vinaigrette Dijon

30 ml (2 c. à soupe)	huile de canola
5 ml (1 c. à thé)	zeste de citron vert râpé
15 ml (1 c. à soupe)	jus de citron vert
15 ml (1 c. à soupe)	moutarde de Dijon
1	gousse d'ail hachée finement
Pincée	thym séché
Pincée	sel et poivre

1. Vinaigrette Dijon : dans un petit bol, fouetter l'huile, le zeste et le jus de citron vert, la moutarde, l'ail, le thym, le sel et le poivre ; réserver.
2. Dans un grand bol, mélanger la laitue, l'avocat, le poivron, la mangue, la papaye, l'oignon vert et le persil. Ajouter la vinaigrette et remuer.

Donne 2 portions.

Conservation : si vous souhaitez emporter cette salade au travail, emballez séparément la vinaigrette et la salade, et mélangez-les juste avant de manger. Vous pouvez préparer ce plat deux jours à l'avance si vous conservez la salade et la vinaigrette séparément.

Salade de haricots méditerranéenne

Cette recette est une nouvelle version de la salade de haricots classique. Emportez-la pour un repas chez des amis ou pour votre dîner du lendemain.

225 g (½ lb)	haricots verts parés
60 ml (¼ tasse)	tomates séchées
1	boîte (540 ml – 19 oz) de pois chiches, égouttés et rincés
1	boîte (540 ml – 19 oz) de haricots noirs, égouttés et rincés
1	poivron jaune ou rouge en dés
250 ml (1 tasse)	oignon doux coupé en dés
45 ml (3 c. à soupe)	vinaigre balsamique ou jus de citron
15 ml (1 c. à soupe)	huile d'olive extra-vierge
2,5 ml (½ c. à thé)	sel et poivre
125 ml (½ tasse)	herbes fraîches (ex. : persil, menthe et basilic)

1. Dans une casserole d'eau bouillante salée, blanchir les haricots 3 minutes. Les égoutter et les rincer à l'eau froide, puis les couper en morceaux de 2,5 cm (1 po). Réserver dans un grand bol.

2. Entre-temps, faire tremper les tomates dans 125 ml (½ tasse) d'eau bouillante. Laisser reposer 10 minutes. Égoutter et réserver le liquide. Couper les tomates et les ajouter aux haricots. Ajouter les pois chiches, les haricots noirs, le poivron jaune et l'oignon.

3. Dans un petit bol, fouetter le vinaigre, l'huile, 30 ml (2 c. à soupe) du liquide des tomates réservé, le sel et le poivre. Verser sur la salade et remuer pour enrober. Ajouter les herbes et remuer de nouveau

Donne de 4 à 6 portions.

Conservation : couverte d'une pellicule plastique, la salade se conserve 2 jours au réfrigérateur.

Variantes : vous pouvez remplacer les pois chiches et les haricots noirs par des haricots blancs, des haricots Pinto ou des haricots romains.

Option maïs : vous pouvez ajouter 1 boîte (398 ml — 14 oz) de maïs égoutté pour donner encore plus de couleur et de saveur à la salade.

Salade aux lentilles, au citron et à l'aneth

FEU VERT

J'aime beaucoup la combinaison de lentilles et de pois chiches dans cette salade, mais vous pouvez aussi utiliser d'autres types de haricots, comme les haricots rouges ou les haricots blancs. Pour changer, vous pouvez aussi ajouter un peu de feta et quelques olives.

15 ml (1 c. à soupe)	huile de canola
1	oignon haché
1	gousse d'ail hachée finement
375 ml (1½ tasse)	eau
125 ml (½ tasse)	lentilles sèches
Pincée	poivre
1	boîte (540 ml – 19 oz) de pois chiches, égouttés et rincés
1	poivron vert haché
250 ml (1 tasse)	concombre haché
250 ml (1 tasse)	tomates cerises coupées en deux
125 ml (½ tasse)	persil italien frais, haché
4	feuilles de laitue

Vinaigrette au citron et à l'aneth

30 ml (2 c. à soupe)	huile de canola
30 ml (2 c. à soupe)	aneth frais, haché (ou 5 ml [1 c. à thé] d'aneth séché)
2,5 ml (½ c. à thé)	zeste de citron râpé
15 ml (1 c. à soupe)	jus de citron
1 ml (¼ c. à thé)	sel et poivre

1. Dans une casserole, faire chauffer l'huile à feu moyen. Cuire l'oignon et l'ail 5 minutes, ou jusqu'à ce qu'ils soient tendres. Ajouter l'eau, les lentilles et le poivre ; amener à ébullition. Baisser le feu et laisser mijoter 30 minutes, ou jusqu'à ce que les lentilles soient tendres. Laisser refroidir complètement.

2. Entre-temps, dans un grand bol, mélanger les pois chiches, le poivron vert, le concombre, les tomates et le persil. Ajouter le mélange aux lentilles refroidies.

3. Vinaigrette au citron et à l'aneth : ans un petit bol, fouetter ensemble l'huile, l'aneth, le zeste et le jus de citron, le sel et le poivre. Verser sur la salade et remuer délicatement pour enrober. Servir la salade sur des feuilles de laitue.

Donne 4 portions.

Conservation : la salade se conserve jusqu'à 3 jours au réfrigérateur dans un contenant fermé.

Option repas complet : ajouter un peu de poulet cuit, de jambon Forêt noire ou de dinde fumée à cette salade pour en faire un repas plus copieux.

Salade de tomates, courgette et grains de blé   FEU VERT

J'aime les grains de blé parce qu'ils ont un merveilleux goût de noix et sont très bons pour la santé. Faites-en cuire une grande quantité, et gardez ce qui reste au congélateur. Vous pourrez vous en servir dans une autre salade, mais ils sont également délicieux dans les soupes.

250 ml (1 tasse)	grains de blé
1	courgette hachée
60 ml (¼ tasse)	tomates séchées
2	tomates italiennes hachées
60 ml (¼ tasse)	basilic frais, haché
45 ml (3 c. à soupe)	vinaigre balsamique
10 ml (2 c. à thé)	huile d'olive extra-vierge
1	gousse d'ail hachée finement
1 ml (¼ c. à thé)	sel
Pincée	poivre

1. Faire cuire les grains de blé dans une casserole d'eau bouillante salée couverte pendant environ 1 heure, ou jusqu'à ce qu'ils soient tendres. Égoutter et rincer à l'eau froide, et mettre les grains refroidis dans un bol.

2. Entre-temps, blanchir la courgette 1 minute dans une petite casserole d'eau bouillante. Égoutter et réserver l'eau, et rincer à l'eau froide. Ajouter la courgette aux grains de blé. Mettre les tomates séchées dans l'eau réservée et les laisser reposer 10 minutes, ou jusqu'à ce qu'elles aient ramolli. Égoutter et hacher finement. Ajouter aux grains de blé, avec les tomates italiennes et le basilic.

3. Dans un petit bol, fouetter ensemble le vinaigre, l'huile, l'ail, le sel et le poivre. Verser sur le mélange de blé et remuer pour enrober.

Donne 4 portions.

Conservation : la salade se conserve jusqu'à 3 jours au réfrigérateur dans un contenant couvert.

Salade de taboulé

FEU VERT

On voit souvent cette salade dans les comptoirs déli au supermarché, mais elle est très simple à préparer à la maison. J'ai ajouté des pois chiches pour qu'il y ait plus de fibres. Servez-vous de persil italien ; il est plus savoureux.

275 ml (1½ tasse)	eau
175 ml (¾ tasse)	boulghour
2,5 ml (½ c. à thé)	zeste de citron râpé
30 ml (2 c. à soupe)	jus de citron
30 ml (2 c. à soupe)	huile d'olive extra-vierge
1	petite gousse d'ail hachée finement
2,5 ml (½ c. à thé)	sel et poivre
1 ml (¼ c. à thé)	cumin moulu
1	boîte (540 ml – 19 oz) de pois chiches, égouttés et rincés
3	tomates italiennes coupées en dés
¼	concombre coupé en dés
250 ml (1 tasse)	persil italien frais, haché finement
125 ml (½ tasse)	menthe fraîche, hachée finement
15 ml (1 c. à soupe)	ciboulette fraîche, hachée

1. Dans une casserole, amener l'eau à ébullition ; ajouter le boulghour. Couvrir et cuire à feu doux 10 minutes, ou jusqu'à ce que l'eau soit absorbée. Verser le boulghour dans un grand bol et laisser refroidir.
2. Dans un petit bol, fouetter le zeste et le jus de citron, l'huile, l'ail, le sel, le poivre et le cumin ; verser le mélange sur le boulghour. Incorporer les pois chiches, les tomates, le concombre, le persil, la menthe et la ciboulette et bien mélanger.

Donne de 4 à 6 portions.

Conservation : la salade se conserve jusqu'à 3 jours au réfrigérateur.

Salade au poulet grillé   FEU VERT

Vous pouvez ajouter le poulet grillé tout chaud à cette salade ou le faire cuire au barbecue à l'avance et le servir froid. Pour un repas à emporter, garnissez-en la moitié d'un pain pita de blé entier.

30 ml (2 c. à soupe)	sauce soya
30 ml (2 c. à soupe)	huile de canola
30 ml (2 c. à soupe)	coriandre fraîche, hachée
15 ml (1 c. à soupe)	gingembre frais, haché finement
2	gousses d'ail hachées finement
1 ml (¼ c. à thé)	pâte de chili asiatique ou flocons de piment rouge
4	poitrines de poulet désossées sans la peau
2	poivrons rouges
2	poivrons jaunes
1,5 l (6 tasses)	mesclun
45 ml (3 c. à soupe)	vinaigre de riz
1 ml (¼ c. à thé)	sel

1. Dans un grand bol, fouetter la sauce soya, 15 ml (1 c. à soupe) d'huile de canola, la coriandre, le gingembre, l'ail et la pâte de chili. Ajouter les poitrines de poulet et bien les enrober. Couvrir et réfrigérer au moins 30 minutes, ou jusqu'à une journée.

2. Entre-temps, couper les poivrons en quartiers. Les mettre sur le gril environ 15 minutes, en tournant une fois, ou jusqu'à ce qu'ils commencent à noircir. Mettre les poivrons dans une assiette. Déposer les poitrines de poulet sur une grille huilée, à feu moyen-vif pendant 12 minutes, en tournant une fois, ou jusqu'à ce que l'intérieur ne soit plus rosé. Réserver les poitrines dans une assiette.

3. Couper les poivrons et le poulet grillés en bouchées. Dans un grand bol, mélanger le poulet et les poivrons avec le mesclun, le reste de l'huile, le vinaigre et le sel.

Donne 4 portions.

Conservation : la salade se conserve jusqu'à 3 jours au réfrigérateur.

Option de cuisson : vous pouvez faire rôtir les poivrons et le poulet au four, plutôt que de les cuire au barbecue. Mettez les légumes sur une plaque de cuisson tapissée de papier sulfurisé, et faites-les rôtir 15 minutes à 220 °C (+ ou − 425 °F). Ajoutez les poitrines de poulet et laissez cuire 12 minutes de plus, ou jusqu'à ce que l'intérieur du poulet ne soit plus rosé et que les poivrons soient noircis.

Tomates farcies
à la chair de crabe

FEU VERT

Les tomates Beefsteak (cœur-de-bœuf) sont idéales pour ce plat, parce que leur taille permet de les farcir aisément et que la pulpe et les pépins s'enlèvent facilement. Vous pouvez remplacer le crabe par des crevettes, du thon ou du saumon.

2	paquets (200 g ch. – 7 oz) de crabe surgelé, décongelé
4	grosses tomates Beefsteak
60 ml (¼ tasse)	mayonnaise légère
30 ml (2 c. à soupe)	crème sure légère
2,5 ml (½ c. à thé)	zeste de citron râpé finement
15 ml (1 c. à soupe)	jus de citron
10 ml (2 c. à thé)	estragon frais, haché (ou ½ c. à thé d'estragon séché)
Pincée	sel et poivre
250 ml (1 tasse)	pois chiches cuits, grossièrement hachés
½	poivron rouge coupé en dés
60 ml (¼ tasse)	céleri coupé en dés fins
60 ml (¼ tasse)	persil italien frais, haché
30 ml (2 c. à soupe)	ciboulette fraîche, hachée
30 ml (2 c. à soupe)	carotte râpée

1. Mettre le crabe dans une passoire fine ; en extraire le liquide. Retirer le cartilage si nécessaire et réserver.
2. Couper le quart de la partie supérieure des tomates. À l'aide d'une petite cuillère, enlever les pépins et la pulpe. Mettre les tomates sur une assiette couverte d'un essuie-tout, côté coupé vers le bas.

3. Entre-temps, fouetter dans un grand bol la mayonnaise, la crème sure, le zeste et le jus de citron, l'estragon, le sel et le poivre. Ajouter les pois chiches, le poivron rouge, le céleri, le persil, la ciboulette et la carotte. Ajouter le crabe et bien mélanger. Répartir le mélange dans les tomates.

Donne 4 portions.

Les herbes : vous pouvez remplacer la ciboulette et l'estragon par 45 ml (3 c. à soupe) additionnelle de persil italien haché.

Fruits de mer : vous pouvez remplacer la chair de crabe par du simili-crabe haché finement, ou des petites crevettes, ou 2 boîtes (120 g ch.) de thon ou de saumon.

Fondus au crabe : omettez les tomates. Tartinez 4 tranches de pain de blé entier moulu sur pierre avec le mélange au crabe et parsemez 125 ml (½ tasse) de fromage suisse allégé râpé. Passez les tranches garnies sous le gril jusqu'à ce que le fromage ait fondu. Vous aurez un repas délicieux pour 4 personnes.

Salade de poivrons, tomates et bœuf

FEU VERT

Le bœuf tranché en minces lanières donne l'illusion d'une salade riche en viande, alors que chacun consomme la portion recommandée de 85 à 110 g.

30 ml (2 c. à soupe)	huile d'olive extra-vierge
30 ml (2 c. à soupe)	vinaigre de vin rouge
5 ml (1 c. à thé)	sauce Worcestershire
2,5 ml (½ c. à thé)	thym séché (ou 15 ml [1 c. à soupe] thym frais, haché)
2,5 ml (½ c. à thé)	sel
1 ml (¼ c. à thé)	poivre
225 g (½ lb)	steak de haut de surlonge à griller, tranche de 2,5 cm
750 ml (3 tasses)	laitue romaine ou roquette
1	tomate en quartiers
½	poivron vert tranché finement
½	poivron rouge tranché finement
¼	concombre tranché finement
60 ml (¼ tasse)	menthe ou persil frais, haché

1. Dans un grand plat peu profond, fouetter 15 ml (1 c. à soupe) d'huile d'olive et la même quantité de vinaigre, la sauce Worcestershire, le thym et une pincée de sel et de poivre. Mettre le bœuf dans la marinade et tourner la viande pour l'enrober. Couvrir et réfrigérer 30 minutes, et jusqu'à 24 heures.

2. Mettre le bœuf sur une grille huilée à feu moyen et le faire griller 10 minutes pour la cuisson demi-saignant. Tourner la viande une fois et continuer la cuisson au goût. Mettre le bœuf dans une assiette et le couvrir de papier d'aluminium, 5 minutes.

3. Entre-temps, dans un grand bol, mélanger la laitue, la tomate, les poivrons rouge et vert, le concombre et la menthe. Fouetter le reste de l'huile et du vinaigre, le sel et le poivre. Verser un filet de vinaigrette sur la salade et remuer.

4. Trancher le bœuf en fines lanières et l'ajouter à la salade. Remuer pour incorporer la viande.

Donne 2 portions.

Option poulet ou saumon : remplacer le bœuf par 2 poitrines de poulet désossées sans la peau ou 2 filets de saumon.

Conseil utile : si vous souhaitez apporter cette salade pour le repas au travail, emballez la salade et la vinaigrette séparément. Combinez au moment de manger.

Salade asiatique au tofu grillé

FEU VERT

Le tofu mariné et grillé donne beaucoup de saveur à cette salade. Avec un bol de Soupe au miso (voir la recette à la page 146), elle constitue un repas sensationnel.

1	paquet (350 g – ¾ lb) de tofu extra-ferme
60 ml (¼ tasse)	vinaigre de riz
45 ml (3 c. à soupe)	sauce soya
30 ml (2 c. à soupe)	coriandre fraîche
15 ml (1 c. à soupe)	gingembre frais, haché finement (ou ½ c. à thé de gingembre moulu)
1	gousse d'ail hachée fin
1 ml (¼ c. à thé)	pâte de chili asiatique ou sauce piquante
1,5 l (6 tasses)	mesclun
250 ml (1 tasse)	tomates cerises
125 ml (½ tasse)	germes de soya
2	oignons verts hachés
10 ml (2 c. à thé)	huile de canola

1. Couper le tofu en deux dans le sens de la longueur. Couper chaque morceau de manière à obtenir 4 morceaux de tofu ; réserver.

2. Dans un plat de verre peu profond, fouetter le vinaigre, la sauce soya, la coriandre, le gingembre, l'ail et la pâte de chili. Ajouter le tofu dans la marinade et le tourner pour l'enrober. Couvrir et laisser reposer 30 minutes.

3. Entre-temps, dans un grand bol, mélanger le mesclun, les tomates, les germes de soya et les oignons verts ; réserver.

4. Sans jeter la marinade, faire griller les tranches de tofu sur une grille huilée à feu moyen-vif, 5 minutes, ou jusqu'à ce qu'il soit brun doré. Tourner une fois. Mettre le tofu sur une planche à découper et le tailler en fines lanières. Verser 60 ml (¼ tasse) de la marinade qui reste et l'huile sur le mesclun et garnir de tofu grillé.

Donne 4 portions.

Conservation : le tofu grillé et le mesclun se conservent séparément au réfrigérateur pendant 24 heures dans un contenant couvert.

Salade aux crevettes grillées

La saveur fraîche du mesclun complète à merveille le goût légèrement épicé des crevettes dans cette salade. Vous pouvez également utiliser de la roquette ou de jeunes pousses d'épinards.

1,5 l (6 tasses)	mesclun
250 ml (1 tasse)	champignons tranchés
½	poivron rouge, en fines lanières
15 ml (1 c. à soupe)	huile de canola
10 ml (2 c. à thé)	pâte ou poudre de cari doux
10 ml (2 c. à thé)	jus de citron
5 ml (1 c. à thé)	gingembre frais, râpé
Pincée	sel
350 g (¾ lb)	grosses crevettes crues, épépinées et déveinées

Vinaigrette à l'orange

15 ml (1 c. à soupe)	huile de canola
½ c. à thé	zeste d'orange râpé
15 ml (1 c. à soupe)	jus d'orange
15 ml (1 c. à soupe)	jus de citron
5 ml (1 c. à thé)	moutarde de Dijon
15 ml (1 c. à soupe)	menthe fraîche hachée (ou 2,5 ml [½ c. à thé] menthe séchée)
1	petite gousse d'ail
1 ml (¼ c. à thé)	sel

1. Dans un grand bol, mélanger le mesclun, les champignons et le poivre ; réserver.
2. Vinaigrette à l'orange : dans un petit bol, fouetter l'huile, le zeste d'orange, les jus d'orange et de citron, la moutarde, la menthe, l'ail et le sel ; verser la vinaigrette sur le mesclun et remuer.

3. Dans un plat peu profond, mélangez l'huile, la pâte de cari, le jus de citron, le gingembre et le sel. Ajouter les crevettes et, avec les mains, les enrober uniformément de marinade. Mettre les crevettes sur une grille huilée à feu élevé et les faire griller 4 minutes, ou jusqu'à ce qu'elles soient roses et fermes. Tourner une fois. Ajouter les crevettes au mesclun.

Donne 3 portions.

Option brochettes : si vos crevettes sont trop petites pour tenir sur la grille, enfilez-les sur des brochettes en métal ou en bambou pour les faire griller.

Option poêle à frire : si vous n'avez pas de gril, faites cuire les crevettes dans une poêle antiadhésive à feu moyen élevé pendant 4 minutes, ou jusqu'à ce qu'elles soient roses et fermes.

Les plats végétariens

Cari de légumes indien FEU VERT

Un grand nombre de merveilleux plats végétariens viennent de l'Inde. Celui-ci a une délicieuse saveur de cari doux, mais si vous préférez les goûts plus piquants, vous pouvez utiliser de la pâte ou de la poudre de cari fort.

15 ml (1 c. à soupe)	huile de canola
2	oignons coupés en quartiers
3	gousses d'ail hachées finement
15 ml (1 c. à soupe)	gingembre frais, haché
15 ml (1 c. à soupe)	pâte ou poudre de cari doux
5 ml (1 c. à thé)	graines de cumin écrasées
750 ml (3 tasses)	bouillon de légumes (à faible teneur en matières grasses et en sel)
2	poivrons rouges hachés
500 ml (2 tasses)	fleurons de brocoli
225 g (½ lb)	haricots verts coupés en morceaux de 2,5 cm (1 po)
1	courgette hachée
1	boîte (540 ml – 19 oz) pois chiches, égouttés et rincés
60 ml (¼ tasse)	coriandre fraîche hachée

1. Dans une grande casserole, faire chauffer l'huile à feu moyen. Faire cuire les oignons, l'ail, le gingembre, la pâte de cari et les graines de cumin 5 minutes, ou jusqu'à ce que l'oignon ramollisse. Ajouter le bouillon et amener à ébullition. Ajouter les poivrons, le brocoli, les haricots, la courgette et les pois chiches. Couvrir et laisser mijoter 15 minutes, ou jusqu'à ce que les légumes soient légèrement croquants. Parsemer de coriandre.

Donne 4 portions.

Poivrons farcis aux lentilles et au riz

FEU VERT

Les poivrons farcis existent depuis longtemps et ils constituent toujours un délicieux repas. Vous pouvez prendre des poivrons de votre couleur préférée.

275 ml (1 ¼ tasse)	bouillon de légumes ou de poulet (à faible teneur en matières grasses et en sel)
175 ml (¾ tasse)	riz brun
1 ml (¼ c. à thé)	sel
1 ml (¼ c. à thé)	thym séché
1	petite carotte râpée
½	courgette râpée
30 ml (2 c. à soupe)	persil frais, haché
175 ml (¾ tasse)	sauce pour pâtes (à faible teneur en matières grasses)
1	œuf
30 ml (2 c. à soupe)	parmesan râpé
1	boîte (540 ml – 19 oz) de lentilles égouttées et rincées
4	gros poivrons rouges, verts ou jaunes
125 ml (½ tasse)	eau

1. Dans une marmite, amener à ébullition le bouillon, le riz, le sel et le thym. Baisser le feu et laisser mijoter à feu doux 25 minutes, ou jusqu'à ce que le liquide soit absorbé. Retirer du feu et disposer la carotte et la courgette sur le riz ; couvrir et laisser cuire à la vapeur 5 minutes, ou jusqu'à ce que la carotte soit légèrement croquante. À l'aide d'une cuillère, verser le riz dans un grand bol, ajouter le persil et remuer à la fourchette.

2. Dans un petit bol, fouetter 125 m l (½ tasse) de sauce pour pâtes, l'œuf et le parmesan. Verser le mélange sur le riz et mélanger. Ajouter les lentilles et réserver.

3. Couper la partie supérieure des poivrons. Enlever les pépins et les côtes. Les disposer dans un plat carré de 20 cm allant au four. Farcir chaque poivron du mélange au riz et aux lentilles. Badigeonner le reste de la sauce pour pâtes sur le dessus des poivrons. Verser de l'eau dans le plat et couvrir de papier d'aluminium. Cuire au four à 190 °C (375 °F) pendant 40 minutes. Enlever le papier d'aluminium et remettre au four encore 20 minutes, ou jusqu'à ce que la farce bouillonne et que les poivrons soient tendres.

Donne 4 portions.

Options haricots : vous pouvez remplacer les lentilles par d'autres légumineuses, comme des haricots Pinto. N'oubliez pas de les égoutter et de les rincer avant de les utiliser.

Ratatouille

FEU VERT

La ratatouille est un ragoût de légumes consistant et agréable. S'il y a des restes, ajoutez du bouillon de légumes pour obtenir une bonne soupe composée de gros morceaux de légumes.

15 ml (1 c. à soupe)	huile d'olive
1	oignon haché
4	gousses d'ail hachées finement
½	bulbe de fenouil coupé en dés
2,5 ml (½ c. à thé)	basilic et origan séchés
1	boîte (796 ml – 28 oz) de tomates en dés
500 ml (2 tasses)	bouillon de légumes (à faible teneur en matières grasses et en sel)
500 ml (2 tasses)	aubergine coupée en dés
2	courgettes hachées
1	poivron rouge haché
2	boîtes (540 ml ch. – 19 oz) haricots mélangés, égouttés et rincés
250 ml (1 tasse)	tofu ferme en dés
60 ml (¼ tasse)	persil italien frais, haché
1 m l (¼ c. à thé)	sel et poivre

1. Dans une grande marmite, faire chauffer l'huile à feu moyen-vif. Faire cuire l'oignon, l'ail, le fenouil, le basilic et l'origan pendant 5 minutes, ou jusqu'à ce qu'ils commencent à brunir. Ajouter les tomates et le bouillon et amener à ébullition.

2. Ajouter l'aubergine, la courgette, le poivron rouge, les haricots et le tofu ; amener à ébullition. Baisser le feu et laisser mijoter environ 30 minutes, ou jusqu'à ce que le mélange épaississe et que l'aubergine soit tendre. Ajouter le persil, le sel et le poivre.

Donne 4 portions.

Tofu à l'aigre-doux

FEU VERT

*La sauce aigre-douce est souvent horriblement sucrée et pas assez
aigre ou piquante. La présente version est toutefois bien équilibrée et
confère une merveilleuse saveur au tofu, qui peut être plutôt fade. Ce
plat accompagne tout autant le poulet que le porc.*

1	paquet (350 g) de tofu extra-ferme
15 ml (1 c. à soupe)	huile de canola
60 ml (¼ tasse)	jus d'ananas non sucré
60 ml (¼ tasse)	vinaigre de vin rouge
60 ml (¼ tasse)	poivron rouge en fines lanières
45 ml (3 c. à soupe)	édulcorant
15 ml (1 c. à soupe)	sauce soya
1	gousse d'ail hachée finement
10 ml (2 c. à thé)	gingembre frais, haché finement
10 ml (2 c. à thé)	fécule de maïs

1. Couper le tofu en deux horizontalement. Couper chaque moitié en
cubes de 2,5 cm (1 po). Dans une poêle antiadhésive, faire chauffer
l'huile à feu moyen élevé. Faire cuire le tofu 10 minutes, ou jusqu'à
ce qu'il brunisse. Éponger le tofu sur une assiette tapissée d'essuie-
tout. Réserver.

2. Dans une casserole, fouetter le jus d'ananas, le vinaigre, le poivron
rouge, l'édulcorant, la sauce soya, l'ail, le gingembre et la fécule de
maïs. Cuire à feu moyen, en fouettant de temps en temps, environ 5
minutes, ou jusqu'à ce que la sauce épaississe et bouillonne.
Ajouter le tofu à la sauce et bien mélanger pour enrober.

Donne 4 portions.

Conseil utile : si vous ne trouvez pas de tofu extra-ferme,
égouttez du tofu ferme et mettez-le sur une assiette tapissée
d'essuie-tout. Couvrez-le d'une autre assiette et d'une boîte de
conserve lourde en guise de poids. Mettez le tout dans le
réfrigérateur pendant 4 heures ; vérifiez occasionnellement s'il y a
du liquide et enlevez-le s'il y en a. Vous pourrez ensuite suivre les
autres étapes de la recette.

Fettuccini Primavara

FEU VERT

Primavera veut dire « printemps » en italien. Vous pouvez utiliser vos légumes printaniers préférés, comme les asperges ou les têtes de violon, pour préparer ce plat de pâtes. Heureusement, on trouve des poivrons, des tomates et des pois toute l'année, de sorte que l'on peut préparer ce plat n'importe quand.

60 ml (¼ tasse)	huile d'olive extra-vierge
500 ml (2 tasses)	tofu ferme en dés
3	gousses d'ail hachées finement
1 ml (¼ c. à thé)	flocons de piment rouge
125 ml (½ tasse)	jus de légumes
500 ml (2 tasses)	asperges fraîches, hachées ou pois
1	poivron rouge tranché finement
1	carotte en julienne
1	courgette jaune tranchée finement
165 g (6 oz)	fettuccini ou linguini de blé entier
2	tomates italiennes hachées
60 ml (¼ tasse)	persil italien frais, haché
30 ml (2 c. à soupe)	parmesan râpé

1. Dans une poêle antiadhésive, faire chauffer 30 ml (2 c. à soupe) de l'huile à feu moyen-vif. Faire brunir le tofu de tous les côtés environ 2 minutes, puis le mettre dans une assiette. Réserver l'huile.

2. Dans une grande casserole peu profonde, faire chauffer à feu moyen le reste de l'huile avec l'huile réservée. Cuire l'ail et les flocons de piment rouge pendant 1 minute. Ajouter le jus de légumes ; amener à ébullition. Baisser le feu et laisser mijoter 1 minute. Ajouter les asperges, le poivron rouge, la carotte et la courgette ; cuire en remuant, pendant 10 minutes, ou jusqu'à ce que les légumes soient légèrement croquants.

3. Entre-temps, dans une grande marmite d'eau salée, faire cuire les fettuccini pendant 8 minutes, ou jusqu'à ce qu'ils soient *al dente*. Égoutter et remettre dans la marmite. Ajouter les légumes, le tofu et bien mélanger. Incorporer les tomates, le persil et le parmesan.

Donne 4 portions.

Sauté de légumes à feuilles asiatiques et de tofu   FEU VERT

La variété de légumes à feuilles asiatiques en vente dans les épiceries de nos jours ouvre de nouveaux horizons aux sautés traditionnels. Le pak-choï de Shanghai est tout vert, tandis que les tiges de mini pak-choï sont blanches. Vous pouvez servir ce sauté avec des nouilles aux œufs ou de riz.

4	oignons verts
10 ml (2 c. à thé)	huile de canola
4	mini pak-choï grossièrement hachés
2	pak-choï de Shanghai grossièrement hachés
2	carottes râpées
1	poivron rouge tranché finement
60 ml (¼ tasse)	bouillon de légumes ou eau
30 ml (2 c. à soupe)	sauce soya
2,5 ml (½ c. à thé)	huile de sésame grillé
1	paquet (550 g) tofu ferme égoutté et en cubes
1	gousse d'ail hachée fin
15 ml (1 c. à soupe)	gingembre frais, haché finement
15 ml (1 c. à soupe)	vinaigre de riz
15 ml (1 c. à soupe)	graines de sésame grillées

1. Hacher les oignons verts, en séparant la partie blanche et la partie verte. Réserver les tiges vertes.
2. Dans une poêle antiadhésive ou un wok, faire chauffer l'huile à feu moyen-vif et faire cuire la partie blanche des oignons verts pendant 30 secondes. Ajouter le pak-choï de Shanghai et le mini pak-choï, les carottes et le poivron. Faire sauter 5 minutes. Ajouter le bouillon, la sauce soya et l'huile de sésame ; amener à ébullition. Ajouter le tofu, l'ail et le gingembre. Baisser le feu à moyen ; couvrir et cuire 3 minutes, ou jusqu'à ce que les légumes soient légèrement croquants.
3. Arroser les légumes de vinaigre et parsemer de graines de sésame et des oignons verts réservés.

   Donne 4 portions.

Chili au boulghour et aux pois chiches

FEU VERT

Le boulghour remplace la viande dans ce nourrissant chili végétarien. Vous trouverez du boulghour, qu'on appelle également blé concassé, dans les boutiques d'aliments en vrac ou d'aliments naturels.

15 ml (1 c. à soupe)	huile de canola
1	oignon haché
4	gousses d'ail hachées fin
2	branches de céleri hachées
1	carotte hachée
15 ml (1 c. à soupe)	poudre de chili
15 ml (1 c. à soupe)	origan séché
5 ml (1 c. à thé)	cumin moulu
2	boîtes (796 ml ch. – 28 oz) de tomates en dés
250 ml (1 tasse)	bouillon de légumes (à faible teneur en matières grasses et en sel)
2	boîtes (796 ml ch. – 28 oz) de pois chiches égouttés et rincés
175 ml (¾ tasse)	boulghour
1	poivron rouge haché
1 ml (¼ c. à thé)	sel et poivre

1. Dans une grande marmite, faire chauffer l'huile à feu moyen. Faire cuire l'oignon, l'ail, le céleri, la carotte, la poudre de chili, l'origan et le cumin 5 minutes, ou jusqu'à ce que les légumes soient ramollis. Ajouter les tomates et le bouillon de légumes ; amener à ébullition. Ajouter les pois chiches et le boulghour ; baisser le feu et laisser mijoter environ 20 minutes ou jusqu'à ce que le boulghour soit tendre. Ajouter le poivron rouge, le sel et le poivre et cuire encore 10 minutes, ou jusqu'à épaississement.

Donne de 4 à 6 portions.

Option riz : vous pouvez remplacer le boulghour par du riz brun, basmati ou à grains longs, mais le temps de cuisson sera alors de 30 minutes.

Lasagne vite faite au four FEU VERT

Bien que la cuisine à la mode I. G. demande que l'on fasse généralement tout nous-mêmes, il existe certains produits sous emballage pratique dont l'I. G. est faible, comme la sauce pour les pâtes ! Cette lasagne est idéale pour un groupe. Il n'y a qu'à l'accompagner d'une salade verte.

12	lasagnes de blé entier
10 ml (2 c. à thé)	huile de canola
1	oignon haché
1	poivron rouge haché
225 g (½ lb)	champignons blancs tranchés
1 ml (¼ c. à thé)	sel et poivre
1	sac (300 g) jeunes pousses d'épinards
375 ml (1½ tasse)	tofu ferme en dés
250 ml (1 tasse)	fromage cottage 1 % M. G.
80 ml (⅓ tasse)	œuf liquide
1	contenant (700 ml) sauce pour pâtes (faible en matières grasses)
375 ml (1½ tasse)	mozzarella partiellement écrémée, râpée
30 ml (2 c. à soupe)	parmesan râpé

1. Faire cuire les lasagnes dans une grande marmite d'eau bouillante salée environ 10 minutes, ou jusqu'à ce qu'elles soient *al dente*. Égoutter et rincer à l'eau froide. Disposer les nouilles à plat sur des linges à vaisselle humides ; réserver.

2. Entre-temps, dans une grande poêle antiadhésive, faire chauffer l'huile à feu moyen-vif. Faire cuire l'oignon, le poivron rouge, les champignons, le sel et le poivre, environ 8 minutes, ou jusqu'à ce que les légumes soient dorés et le liquide évaporé. Ajouter les épinards et cuire, en remuant pendant 2 minutes, ou jusqu'à ce qu'ils soient flétris. Incorporer le tofu. Dans un petit bol, mélanger le fromage cottage et l'œuf liquide ; réserver.

3. Étendre ½ tasse de la sauce pour pâtes au fond d'un plat en verre allant au four de 22 x 33 cm. Disposer 3 nouilles sur la sauce. Étaler un tiers du mélange aux épinards sur les nouilles et un tiers du mélange de fromages. Étendre 125 ml (½ tasse) de sauce pour pâtes de plus. Parsemer de 80 ml (⅓ tasse) de mozzarella. Continuer d'alterner les couches, en finissant avec les nouilles. Badigeonner du reste de sauce et parsemer du reste de mozzarella et de parmesan. Couvrir de papier d'aluminium et cuire au four à 180 °C (350 °F) pendant 45 minutes. Découvrir et cuire encore 15 minutes, ou jusqu'à ce que la lasagne bouillonne et qu'un couteau inséré au centre ressorte chaud au toucher. Laisser refroidir 10 minutes avant de couper et de servir la lasagne.

Donne 8 portions.

Conservation : **vous pouvez assembler la lasagne et la réfrigérer** jusqu'à une journée avant de la faire cuire. La lasagne cuite se congèle entière ou en portions et se réchauffe au four à micro-ondes.

Poissons et fruits de mer

Doré en croûte de semoule de maïs

FEU VERT

La semoule de maïs donne au poisson une texture croquante qui rappelle les noisettes. Essayez cette recette avec vos filets de poisson préférés, comme la morue ou le tilapia. Personnellement, je la préfère avec le doré. Les tiges de brocoli et la Salade piquante de chou rouge et vert (voir la recette à la page 160) accompagnent bien ce plat de poisson.

250 ml (1 tasse)	semoule de maïs
30 ml (2 c. à soupe)	aneth frais, haché (ou 10 ml [2 c. à thé] d'aneth séché)
15 ml (1 c. à soupe)	parmesan râpé
1 ml (¼ c. à thé)	sel et poivre
Pincée	piment de Cayenne
4	filets de poisson (doré, morue ou tilapia), de 100 g ch.
1	œuf légèrement battu
30 ml (2 c. à soupe)	huile de canola

1. Dans un grand plat peu profond ou un moule à tarte, mélanger la semoule de maïs, l'aneth, le parmesan, le sel, le poivre et le piment de Cayenne. Réserver.
2. Éponger les filets de poisson avec des essuie-tout. Les badigeonner avec l'œuf, puis les enrober de tous les côtés du mélange à la semoule de maïs.
3. Dans une grande poêle antiadhésive, faire chauffer l'huile à feu moyen-vif. Faire cuire les filets de poisson 3 minutes. À l'aide d'une spatule, tourner soigneusement les filets et cuire encore 3 minutes, ou jusqu'à ce que le poisson se défasse facilement à la fourchette.

Donne 4 portions.

Filets d'aiglefin aux amandes

FEU VERT

Les amandes ajoutent du calcium à ce plat de poisson. Servez-le avec la Salade aux lentilles, au citron et à l'aneth (voir la recette à la page 168), des haricots verts et du riz.

125 ml (½ tasse)	amandes
60 ml (¼ tasse)	chapelure de blé entier fraîche
30 ml (2 c. à soupe)	estragon frais, haché (ou 5 ml [1 c. à thé] d'estragon séché)
5 ml (1 c. à thé)	zeste de citron râpé
1 ml (¼ c. à thé)	sel et poivre
15 ml (1 c. à soupe)	huile de canola
4	filets d'aiglefin (de 115 g ch. – 4 oz)
	Quartiers de citron

1. Passer les amandes au robot culinaire et mélanger jusqu'à ce qu'elles aient la texture d'une chapelure grossière. Verser les amandes dans un grand moule à tarte ou un plat peu profond. Ajouter la chapelure, l'estragon, le zeste de citron, le sel et le poivre et mélanger.

2. Éponger les filets avec des essuie-tout. Badigeonner un peu de l'huile sur les filets. Les enrober de tous les côtés du mélange aux amandes.

3. Dans une poêle antiadhésive, faire chauffer le reste de l'huile à feu moyen-vif. Faire brunir les filets des deux côtés. Disposer les filets sur une plaque de cuisson tapissée de papier sulfurisé ou de papier d'aluminium et les faire griller au four à 220 °C (425 °F) environ 10 minutes, ou jusqu'à le poisson se défasse à la fourchette. Servir avec des quartiers de citron.

Donne 4 portions.

Conseil utile : si vous ne trouvez pas d'aiglefin, prenez un autre poisson blanc, comme du flétan, de la morue, du tilapia ou du merlan. Vous pouvez également essayer ce mélange avec des filets de saumon ou de poisson-chat.

Galettes de thon
au fromage fondu

FEU VERT

*Préparez ces galettes pour le dîner à la maison ou omettez le
fromage et apportez-les au bureau pour le repas du midi. Les galettes
s'accompagnent bien de la Salade crémeuse aux concombres ou de
la Salade aux lentilles, au citron et à l'aneth (voir les recettes aux
pages 157 et 168).*

2	boîtes (120 g ch.) de thon blanc en morceaux, égoutté
1	cornichon à l'aneth haché finement
60 ml (¼ tasse)	mayonnaise légère
1 ml (¼ c. à thé)	zeste de citron râpé
10 ml (2 c. à thé)	jus de citron
30 ml (2 c. à soupe)	céleri haché finement
30 ml (2 c. à soupe)	poivron rouge coupé en dés
1 ml (¼ c. à thé)	sel et poivre
2	muffins anglais de blé entier
4	tranches de cheddar allégé

1. Mélanger dans un bol, le thon, le cornichon, la mayonnaise, le zeste et le jus de citron, le céleri, le poivron rouge, le sel et le poivre ; réserver.

2. Faire griller les muffins anglais dans le grille-pain ou sous le gri. Répartir le mélange au thon entre les muffins. Garnir de fromage. Mettre sous le gril 30 secondes, ou jusqu'à ce que le fromage ait fondu.

Donne 4 portions.

Option pain : si vous le préférez, vous pouvez servir ce mélange au thon sur 4 tranches de pain de blé entier moulu sur pierre.

Crevettes aux tomates FEU VERT

Servez ces crevettes avec du riz, qui absorbera le jus des tomates. Agrémentez votre assiette de quelques asperges et d'une Salade de haricots méditerranéenne (voir la recette à la page 166).

10 ml (2 c. à thé)	huile d'olive extra-vierge
1	oignon haché finement
4	gousses d'ail hachées finement
60 ml (¼ tasse)	basilic ou persil italien frais, haché
2,5 ml (½ c. à thé)	origan séché
Pincée	flocons de piment rouge
60 ml (¼ tasse)	vin blanc sec ou bouillon de poulet
2	tomates coupées en dés
125 ml (½ tasse)	pois chiches cuits, grossièrement hachés
1 ml (¼ c. à thé)	sel et poivre
225 g (½ lb)	crevettes moyennes crues, pelées et déveinées ou petits pétoncles

1. Dans une poêle antiadhésive, faire chauffer l'huile à feu moyen-vif. Faire cuire l'oignon, l'ail, 45 ml (3 c. à soupe) de basilic, l'origan et les flocons de piments rouges pendant 5 minutes, ou jusqu'à ce que l'oignon soit doré. Ajouter le vin et cuire 1 minute.

2. Ajouter les tomates, les pois chiches, le sel et le poivre. Cuire environ 5 minutes, ou jusqu'à ce que le mélange commence à épaissir. Ajouter les crevettes et cuire 4 minutes, ou jusqu'à ce que celles-ci deviennent roses et fermes. Parsemer du reste du basilic.

Donne 2 portions.

Conseil utile : dans cette recette, le vin donne une saveur légèrement piquante à la sauce. Si vous utilisez du bouillon de poulet, ajoutez 2,5 ml (½ c. à thé) de vinaigre de vin ou de vinaigre de cidre à la fin de la cuisson avant d'ajouter les crevettes.

Darnes de saumon, sauce tartare légère à l'aneth `FEU VERT`

La marinade et la sauce conviennent aussi bien à d'autres poissons, comme le flétan, le tassergal ou le tilapia. Servez le poisson avec du riz et des légumes mélangés.

5 ml (1 c. à thé)	huile de canola
1	gousse d'ail hachée finement
10 ml (2 c. à thé)	zeste de citron râpé
30 ml (2 c. à soupe)	jus de citron
5 ml (1 c. à thé)	moutarde de Dijon
2,5 ml (½ c. à thé)	sel et poivre
4	darnes de saumon (115 g ch. – 4 oz)

Sauce tartare légère à l'aneth

60 ml (¼ tasse)	yogourt nature 0 % M. G.
60 ml (¼ tasse)	mayonnaise légère
30 ml (2 c. à soupe)	aneth frais, haché (ou 10 ml [2 c. à thé] d'aneth séché)
15 ml (1 c. à soupe)	câpres hachées
1	cornichon à l'aneth haché finement
1	oignon vert haché finement

1. Dans un bol, fouetter ensemble l'huile, l'ail, le zeste et le jus de citron, la moutarde, le sel et le poivre. Enrober les darnes de saumon du mélange ; laisser reposer 15 minutes.

2. Sauce tartare légère à l'aneth : Dans un autre bol, fouetter le yogourt, la mayonnaise, l'aneth, les câpres, le cornichon et l'oignon vert. Couvrir et réfrigérer jusqu'au moment de servir.

3. Mettre le saumon sur une grille huilée à feu moyen-vif et le faire griller 10 minutes, en tournant une fois, ou jusqu'à ce que le poisson se défasse à la fourchette. Servir avec la Sauce tartare légère à l'aneth.

Donne 4 portions.

Pétoncles au sésame et aux haricots noirs

FEU VERT

Les pétoncles sont riches en protéines et en zinc. Si vous n'en trouvez pas, vous pouvez utiliser des crevettes géantes pelées et déveinées.

30 ml (2 c. à soupe)	graines de sésame
225 g (½ lb)	pétoncles
10 ml (2 c. à thé)	huile de canola
125 ml (½ tasse)	oignon rouge tranché finement
1	gousse d'ail hachée finement
500 ml (2 tasses)	fleurons de brocoli
1	poivron rouge ou orange tranché
250 ml (1 tasse)	haricots noirs cuits
30 ml (2 c. à soupe)	sauce hoisin
60 ml (¼ tasse)	jus d'orange
2,5 ml (½ c. à thé)	huile de sésame
Pincée	sel et poivre
60 ml (¼ tasse)	coriandre fraîche, hachée (facultatif)

1. Mettre les graines de sésame dans une assiette. Enrober les pétoncles de graines de sésame ; réserver.

2. Dans une grande poêle antiadhésive, faire chauffer l'huile à feu moyen-vif. Faire brunir les pétoncles de tous les côtés et les mettre dans une assiette ; couvrir et garder au chaud. Laisser dans la poêle les graines de sésame qui restent.

3. Dans la même poêle, faire cuire l'oignon et l'ail à feu moyen pendant 3 minutes. Ajouter le brocoli, le poivron, les haricots, la sauce hoisin, le jus d'orange, l'huile de sésame, le sel et le poivre ; cuire environ 8 minutes, ou jusqu'à ce que le brocoli soit légèrement croquant. Remettre les pétoncles dans la poêle pour les réchauffer. Parsemer de coriandre (au goût).

Donne 2 portions.

Flétan en papillote à l'orange et à la sauce hoisin
FEU VERT

La sauce hoisin et l'orange se marient bien et conviennent à merveille à la saveur délicate du flétan.

4	mini pak-choï
225 g (½ lb)	champignons shiitake tranchés
1	poivron rouge tranché
2	gousses d'ail effilées
10 ml (2 c. à thé)	huile de canola
1 ml (¼ c. à thé)	sel et poivre
2	darnes de flétan (115 g ch. – 4 oz)
60 ml (¼ tasse)	sauce hoisin
5 ml (1 c. à thé)	zeste d'orange râpé
60 ml (¼ tasse)	jus d'orange
15 ml (1 c. à soupe)	persil italien frais, haché

1. Dans un bol, mélanger le pak-choï, les champignons, le poivron rouge, l'ail, l'huile, le sel et le poivre. Répartir les légumes dans 2 morceaux de papier d'aluminium. Déposer une darne de flétan sur chaque portion.

2. Dans un petit bol, mélanger la sauce hoisin, le zeste et le jus d'orange et le persil. Verser le mélange en filet sur les darnes de flétan. Couvrir d'un autre morceau de papier d'aluminium et fermer de manière à former des papillotes.

3. Mettre les papillotes sur une grille huilée à feu moyen-vif, ou au four à 220 °C (425 °F), pendant 20 minutes, ou jusqu'à ce que le poisson se défasse facilement à la fourchette, que les légumes soient tendres et que le papier d'aluminium se gonfle légèrement.

Donne 2 portions.

Conseil utile : vous pouvez remplacer le flétan par du tilapia, de la sole ou de l'aiglefin.

Saumon au pesto
et asperges grillées

FEU VERT

Une petite quantité de pesto du commerce peut ajouter beaucoup de saveur à vos aliments. On le combine ici avec de la mayonnaise pour former une croûte irrésistible, mais légère, pour le saumon. J'ai reçu des critiques fort élogieuses pour cette recette dans mes cours de cuisine.

60 ml (¼ tasse)	mayonnaise légère
30 ml (2 c. à soupe)	persil italien frais, haché
15 ml (1 c. à soupe)	pesto
Pincée	sel et poivre
4	filets de saumon sans arêtes, avec la peau (115 g ch. – 4 oz)

Asperges grillées

450 g (1 lb)	pointes d'asperge
10 ml (2 c. à thé)	huile d'olive extra-vierge
¼ c. à thé	poivre
30 ml (2 c. à soupe)	jus de citron
1 ml (¼ c. à thé)	sel

1. Dans un petit bol, fouetter la mayonnaise, le persil, le pesto, le sel et le poivre. Étendre le mélange uniformément sur les filets de saumon.

2. Asperges grillées : casser l'extrémité dure des asperges et la jeter. Garnir les tiges d'asperge d'huile et de poivre.

3. Mettre les filets et les asperges sur une grille à feu moyen-vif. Fermer le couvercle et faire griller environ 10 minutes, ou jusqu'à ce que le poisson soit ferme au toucher et les asperges légèrement croquantes. Arroser les asperges de jus de citron et parsemer de sel.

Donne 4 portions.

Options poisson : le mélange au pesto est délicieux avec le flétan, le merlin, le thon ou la truite.

Conseil utile : laisser la peau sur les filets pour empêcher le poisson de sécher et de se défaire.

Pâtes aux crevettes et à l'ail

FEU VERT

L'ail est bon pour la santé du cœur, parce qu'il contribue à réduire le cholestérol et est un décongestif efficace. Ne vous inquiétez pas de la quantité d'ail que contient ce plat, la saveur s'adoucit à la cuisson.

15 ml (1 c. à soupe)	huile d'olive extra-vierge
6	gousses d'ail hachées finement
1 ml (¼ c. à thé)	flocons de piment rouge
125 ml (½ tasse)	vin blanc sec ou bouillon de poulet
450 g (1 lb)	grosses crevettes crues, décortiquées et déveinées
125 ml (½ tasse)	persil italien frais, haché
15 ml (1 c. à soupe)	margarine molle non hydrogénée
165 g (6 oz)	linguini ou fettuccini de blé entier

1. Dans une grande poêle antiadhésive, faire chauffer l'huile à feu moyen et cuire l'ail et les flocons de piment rouge 1 minute, ou jusqu'à ce que l'ail commence à dorer. Ajouter le vin et amener à ébullition. Ajouter les crevettes et cuire 5 minutes, ou jusqu'à ce qu'elles deviennent roses et fermes. Ajouter le persil et la margarine, et cuire jusqu'à ce que la margarine fonde.

2. Entre-temps, cuire les pâtes dans une grande marmite d'eau bouillante salée pendant 8 minutes, ou jusqu'à ce qu'elles soient *al dente*. Égoutter et ajouter les pâtes au mélange de crevettes. Bien enrober les pâtes de sauce.

Donne 4 portions.

Sole farcie aux poireaux   FEU VERT

La farce aux poireaux fait ressortir la saveur de ce poisson. Le citron, les olives et la tomate lui confèrent une touche méditerranéenne.

15 ml (1 c. à soupe)	huile d'olive extra-vierge
3	poireaux hachés, parties blanche et pâle seulement
3	gousses d'ail hachées finement
15 ml (1 c. à soupe)	zeste de citron râpé
15 ml (1 c. à soupe)	aneth frais, haché (5 ml [1 c. à thé] d'aneth séché)
4	filets de sole (115 g ch. – 4 oz)
1 ml (¼ c. à thé)	sel et poivre
1	tomate coupée en dés
45 ml (3 c. à soupe)	olives noires hachées
30 ml (2 c. à soupe)	jus de citron

1. Dans une poêle antiadhésive, faire chauffer l'huile à feu moyen. Faire cuire les poireaux et l'ail environ 15 minutes, en remuant de temps en temps, ou jusqu'à ce que les poireaux soient tendres et dorés. Incorporer le zeste de citron, l'aneth, et la moitié du sel et du poivre. Laisser refroidir légèrement.

2. Mettre 60 ml (¼ tasse) du mélange aux poireaux au fond d'une petite casserole. Disposer une partie du reste du mélange au centre de chaque filet de sole ; replier délicatement les filets sur la farce. Disposer les filets farcis dans un plat. Parsemer chaque filet du reste du sel et du poivre.

3. Dans un petit bol, mélanger la tomate, les olives et le jus de citron. Répartir le mélange sur les filets. Cuire au four à 220 °C (450 °F) environ 15 minutes, ou jusqu'à ce que le poisson se défasse à la fourchette.

Donne 4 portions.

Conseil utile : pour nettoyer les poireaux, coupez simplement la partie vert foncé et enlevez les couches extérieures. Enlevez l'extrémité de la racine. Coupez les poireaux en deux dans le sens de la longueur et rincez-les à l'eau froide pour enlever la terre. Épongez-les et hachez-les.

Saumon au gingembre en papillote

FEU VERT

La cuisson en papillote est une technique simple et saine de préparation du poisson, qui lui conserve son humidité et sa saveur. J'ai constaté que les invités aiment ouvrir leur papillote à table, car cela donne un effet « surprise » au repas.

1 l (4 tasses)	chou napa en lanières
1	poivron rouge tranché finement
250 ml (1 tasse)	pois mange-tout, coupés en deux
4	filets de saumon, peau enlevée (115 g ch. − 4 oz)
60 ml (¼ tasse)	sauce soya
2	oignons verts hachés
15 ml (1 c. à soupe)	gingembre frais, haché finement
1	gousse d'ail hachée finement
5 ml (1 c. à thé)	huile de sésame
1 ml (¼ c. à thé)	poivre

1. Couper quatre gros morceaux de papier sulfurisé et les plier en deux. Puis les déplier, et réserver.
2. Mélanger le chou, le poivron rouge et les pois mange-tout. Répartir les légumes uniformément sur un côté de chaque morceau de papier sulfurisé. Mettre les filets de saumon sur les légumes.

3. Dans un petit bol, fouetter la sauce soya, les oignons verts, le gingembre, l'ail, l'huile de sésame et le poivre. Verser le mélange en filet sur le poisson et les légumes. Replier le papier sur les filets et les bords de manière à sceller les papillotes. Mettre les papillotes sur une grande plaque de cuisson et cuire au four à 200 °C (450 °F) environ 20 minutes, ou jusqu'à ce que le poisson se défasse aisément à la fourchette.

Donne 4 portions.

Conseil utile : si vous n'avez pas de papier sulfurisé, vous pouvez préparer ces délicieuses papillotes avec du papier d'aluminium.

Options poisson : n'hésitez pas à essayer cette recette avec n'importe lequel de vos poissons préférés, comme le flétan, le tilapia ou le vivaneau.

La volaille

Croquettes de dinde à la coriandre et au gingembre

Vous pouvez servir ces croquettes sur des moitiés de petits pains de blé entier, mais elles sont tout aussi délicieuses par elles-mêmes. Si vous ne trouvez pas de dinde hachée, vous pouvez utiliser du poulet haché.

1	œuf légèrement battu
30 ml (2 c. à soupe)	sauce soya
2	oignons verts hachés
2	gousses d'ail hachées finement
15 ml (1 c. à soupe)	gingembre frais, haché finement
80 ml (⅓ tasse)	coriandre fraîche hachée
80 ml (⅓ tasse)	craquelins de blé entier écrasés ou chapelure
1 ml (¼ c. à thé)	poivre
450 g (1 lb)	dinde hachée, maigre

1. Dans un grand bol, fouetter l'œuf et la sauce soya. Incorporer les oignons, l'ail, le gingembre, la coriandre, les craquelins écrasés et le poivre. Ajouter la dinde et, avec les mains, mélanger de manière à répartir uniformément le mélange aux œufs. Former 4 croquettes d'environ 1,25 cm d'épaisseur.

2. Mettre les croquettes dans une grande poêle antiadhésive ; couvrir et cuire à feu moyen, en tournant une fois, environ 15 minutes, ou jusqu'à ce que la viande perde sa couleur rosée.

Donne 4 portions.

Sauté à la dinde et aux pois mange-tout

FEU VERT

Maintenant qu'il est plus facile de trouver de la dinde toute l'année en supermarchés, celle-ci n'est plus réservée aux fêtes. Vous pouvez l'utiliser à la place du poulet dans toutes les recettes. Dans ce sauté, la dinde prend un délicieux goût citronné.

450 g (1 lb)	poitrines de dinde désossées sans la peau, ou en lanières pour sautés
2,5 ml (½ c. à thé)	feuilles de sauge et thym séchées
2,5 ml (½ c. à thé)	sel
1 ml (¼ c. à thé)	poivre
10 ml (2 c. à thé)	huile de canola
3	oignons verts hachés
2	gousses d'ail hachées fin
1	poivron rouge haché
500 ml (2 tasses)	pois mange-tout coupés en deux
125 ml (½ tasse)	bouillon de poulet
2,5 ml (½ c. à thé)	zeste de citron râpé
15 ml (1 c. à soupe)	jus de citron

1. Couper la dinde en morceaux de la taille de bouchées. Parsemer de la moitié de la sauge, du thym, du sel et du poivre.

2. Dans une grande poêle antiadhésive, faire chauffer l'huile à feu moyen ; faire cuire la dinde 8 minutes, ou jusqu'à ce qu'elle perde sa couleur rosée à l'intérieur. Mettre la dinde dans une assiette et garder au chaud.

3. Remettre la poêle sur le feu et faire cuire les oignons, l'ail et le poivron rouge avec le reste de la sauge, du thym, du sel et du poivre pendant 5 minutes, ou jusqu'à ce que les oignons se ramollissent. Ajouter les pois mange-tout, le bouillon et le zeste de citron. Amener à ébullition, couvrir et cuire 1 minute, ou jusqu'à ce que les pois mange-tout soient légèrement croquants. Remettre la dinde dans la poêle et réchauffer. Arroser d'un filet de jus de citron.

Donne 4 portions.

Cuisses de poulet grillées au romarin

FEU VERT

Les cuisses de poulet coûtent moins cher que les poitrines, et elles sont plus savoureuses et très tendres. Si ce n'est pas la saison du barbecue, faites-les cuire au four à 200 °C (450 °F) environ 20 minutes.

30 ml (2 c. à soupe)	huile d'olive extra-vierge
2	gousses d'ail hachées finement
10 ml (2 c. à thé)	zeste de citron râpé
30 ml (2 c. à soupe)	jus de citron
30 ml (2 c. à soupe)	vin blanc sec
30 ml (2 c. à soupe)	romarin frais, haché (10 ml [2 c. à thé] de romarin séché, écrasé)
1 ml (¼ c. à thé)	sel
8	cuisses de poulet désossées sans la peau

1. Dans un bol, fouetter l'huile, l'ail, le zeste et le jus de citron, le vin, le romarin et le sel. Ajouter les cuisses de poulet et bien les enrober du mélange. Couvrir et réfrigérer de 15 à 30 minutes.

2. Mettre les cuisses sur une grille huilée à feu moyen-vif. Fermer le couvercle et faire griller, en tournant une fois, environ 20 minutes, ou jusqu'à ce qu'un jus clair s'écoule des cuisses lorsqu'on les perce au couteau.

Donne 4 portions.

Conseil utile : vous pouvez remplacer le vin par 15 ml (1 c. à soupe) de vinaigre de vin blanc ou de vinaigre de cidre.

Poulet au yogourt
et au citron

*J'ai adapté une recette que nous avait envoyée Lenna F. par courriel.
Grâce à la marinade au yogourt, le poulet demeure juteux et
savoureux. Servez-le avec les Poivrons farcis aux lentilles et au riz
(voir la recette à la page 184).*

250 ml (1 tasse)	yogourt nature 0 % M. G.
5 ml (1 c. à thé)	zeste de citron râpé
15 ml (1 c. à soupe)	jus de citron
1	gousse d'ail hachée finement
Pincée	sel et poivre
4	poitrines de poulet désossées sans la peau

1. Dans un grand plat peu profond, fouetter le yogourt, le zeste et le jus de citron, l'ail, le sel et le poivre. Ajouter les poitrines de poulet et bien les enrober du mélange au yogourt. Couvrir et réfrigérer au moins 1 heure, ou toute la nuit.

2. Enlever l'excès de yogourt du poulet et le jeter. Mettre les poitrines de poulet sur une grille huilée à feu moyen-vif. Fermer le couvercle et faire griller, en tournant une fois, environ 12 minutes, ou jusqu'à ce que l'intérieur du poulet ait perdu sa couleur rose.

Donne 4 portions.

Poulet chasseur

Connu partout sous le nom de Poulet Cacciatore (cacciatore signifie « chasseur » en italien), ce plat est populaire aussi bien auprès des adultes que des enfants. Vous pouvez utiliser seulement des pilons, ou seulement des cuisses si vous le préférez.

450 g (1 lb)	pilons de poulet sans la peau
450 g (1 lb)	cuisses de poulet sans la peau
1 ml (¼ c. à thé)	sel et poivre
30 ml (2 c. à soupe)	huile d'olive extra-vierge
1	oignon haché
4	gousses d'ail hachées fin
450 g (1 lb)	champignons blancs coupés en quatre
1	poivron rouge haché
1	poivron vert haché
15 ml (1 c. à soupe)	origan séché
5 ml (1 c. à thé)	basilic séché
60 ml (¼ tasse)	vin blanc sec ou bouillon de poulet
1	boîte (796 ml – 28 oz) tomates en dés

1. Saler et poivrer les morceaux de poulet. Dans une grande casserole peu profonde, faire chauffer la moitié de l'huile à feu moyen-vif et faire brunir le poulet des deux côtés. Mettre le poulet dans une assiette.

2. Faire chauffer le reste de l'huile dans la même casserole à feu moyen-vif et cuire l'oignon, l'ail, les champignons, les poivrons, l'origan et le basilic environ 15 minutes, ou jusqu'à ce que les légumes commencent à brunir. Ajouter le vin et remuer les légumes pour déglacer la casserole. Ajouter les tomates et amener à ébullition. Remettre le poulet dans la casserole. Baisser le feu ; laisser mijoter 45 minutes, ou jusqu'à ce que la chair du poulet commence à se détacher des os.

Donne 6 portions.

Cari de poulet thaï   FEU VERT

Vous pouvez utiliser n'importe quelle couleur de pâte de cari (verte, jaune ou rouge) pour préparer ce plat épicé et piquant. Si vous voulez qu'il soit très piquant, augmentez la quantité de cari à 15 ml (1 c. à soupe).

15 ml (1 c. à soupe)	huile de canola
10 ml (2 c. à thé)	pâte de cari thaï rouge
450 g (1 lb)	poitrines de poulet désossées sans la peau, coupées en gros morceaux
1	oignon tranché
1	poivron rouge tranché finement
1	poivron vert tranché finement
125 ml (½ tasse)	bouillon de poulet ou eau
125 ml (½ tasse)	lait de coco léger ou crème sure 0 % M. G.
30 ml (2 c. à soupe)	sauce de poisson ou sauce soya
60 ml (¼ tasse)	coriandre ou basilic frais, haché

1. Dans une grande poêle ou un wok, faire chauffer l'huile à feu moyen-vif. Ajouter la pâte de cari et cuire 30 secondes. Ajouter le poulet et le faire sauter 5 minutes. Ajouter l'oignon et les poivrons ; cuire, en remuant, environ 10 minutes, ou jusqu'à ce que les légumes commencent à brunir. Ajouter le bouillon, le lait de coco et la sauce de poisson ; laisser mijoter 10 minutes, ou jusqu'à ce que l'intérieur du poulet perde sa couleur rose. Ajouter le basilic.

Donne 4 portions.

Option végétarienne : vous pouvez remplacer le poulet par 2 paquets (350 g ch.) de tofu extra-ferme en cubes et la sauce de poisson par de la sauce soya.

Option bœuf : vous pouvez remplacer le poulet par 450 g (1 lb) de steak de haut de surlonge à griller tranché finement et le bouillon de poulet par du bouillon de bœuf.

Poulet au gingembre

Le gingembre confère une saveur délicieusement fraîche à ce plat de poulet. La coriandre, le cumin et le curcuma lui donnent une superbe couleur jaune soleil.

30 ml (2 c. à soupe)	huile de canola
30 ml (2 c. à soupe)	gingembre frais, haché
5 ml (1 c. à thé)	coriandre moulue
2,5 ml (½ c. à thé)	cumin moulu
2,5 ml (½ c. à thé)	curcuma
3 ml (¾ c. à thé)	sel
1 ml (¼ c. à thé)	poivre
675 g (1½ lb)	morceaux de poulet sans peau
1 l (4 tasses)	morceaux de chou-fleur
2	carottes coupées en gros morceaux
1	oignon rouge coupé en quartiers

1. Dans un petit bol, mélanger 15 ml (1 c. à soupe) de l'huile, le gingembre, la coriandre, le cumin, le curcuma, 1 ml (¼ c. à thé) de sel et une pincée de poivre. Enrober le poulet du mélange.
2. Mélanger le chou-fleur, les carottes et l'oignon dans le reste de l'huile. Mettre le poulet et les légumes sur une plaque de cuisson tapissée de papier sulfurisé ou une rôtissoire. Cuire au four à 220 °C (450 °F) 35 minutes, ou jusqu'à ce qu'un jus clair s'écoule du poulet lorsqu'on le perce et que les légumes soient légèrement croquants et dorés.

Donne 4 portions.

Ragoût de poulet à l'orange

FEU VERT

Ce plat est basé sur une recette de poulet à l'orange qui était populaire dans les réceptions des années 70. Il est facile à préparer et a une riche saveur orangée. Servez-le avec du riz et une salade verte.

10 ml (2 c. à thé)	huile de canola
450 g (1 lb)	poitrines de poulet désossées, sans la peau, coupées en bouchées
2	oignons hachés
2	gousses d'ail hachées fin
225 g (½ lb)	champignons blancs tranchés
15 ml (1 c. à soupe)	romarin frais haché (5 ml [1 c. à thé] de romarin séché)
15 ml (1 c. à soupe)	feuilles de thym frais, haché (5 ml [1 c. à thé] de thym séché)
1 ml (¼ c. à thé)	sel et poivre
10 ml (2 c. à thé)	zeste d'orange râpé
2	oranges pelées et hachées
250 ml (1 tasse)	bouillon de poulet (faible en matières grasses et en sel)
1	feuille de laurier
1	boîte (540 ml – 14 oz) de haricots romains égouttés et rincés
1	poivron vert haché
15 ml (1 c. à soupe)	vinaigre de cidre
80 ml (⅓ tasse)	persil frais, haché
10 ml (2 c. à thé)	fécule de maïs
15 ml (1 c. à soupe)	eau

1. Dans une grande poêle antiadhésive profonde, faire chauffer l'huile à feu moyen-vif. Faire brunir le poulet et le mettre dans une assiette. Dans la même poêle, ajouter les oignons, l'ail, les champignons, le romarin, le thym, le sel et le poivre, et faire cuire 8 minutes, ou jusqu'à ce que le liquide soit évaporé. Remettre le poulet dans la poêle avec le zeste d'orange, les oranges, le bouillon et la feuille de laurier. Amener à ébullition. Couvrir et laisser mijoter environ 30 minutes, ou jusqu'à ce que l'intérieur du poulet ait perdu sa couleur rose.

2. Ajouter les haricots, le poivron vert, le vinaigre et le persil ; faire cuire 10 minutes ou jusqu'à ce que le mélange soit très chaud. Dans un petit bol, fouetter la fécule de maïs et l'eau. Verser le mélange dans le ragoût et cuire jusqu'à léger épaississement. Retirer la feuille de laurier.

Donne 4 portions.

Option feu jaune au porc : vous pouvez remplacer le poulet par de la longe de porc désossée.

Enchiladas au poulet

FEU VERT

J'adore les soupers à thème, et cette recette est parfaite pour une fête mexicaine. Avec des haricots frits et du riz, votre repas de fête sera des plus amusants.

30 ml (2 c. à soupe)	huile de canola
10 ml (2 c. à thé)	chili en poudre
5 ml (1 c. à thé)	cumin moulu
5 ml (1 c. à thé)	origan séché
1 ml (¼ c. à thé)	sel et poivre
4	poitrines de poulet désossées, sans la peau, coupées en bouchées
2	oignons tranchés
1	poivron rouge tranché finement
1	poivron vert tranché finement
1	piment jalapeño épépiné, haché finement
250 ml (1 tasse)	tomates égouttées, coupées en dés
125 ml (½ tasse)	cheddar ou Monterey Jack allégé, râpé
8	grosses tortillas de blé entier

Garniture

125 ml (½ tasse)	cheddar ou Monterey Jack allégé, râpé
125 ml (½ tasse)	crème sure 0 % M. G.

1. Dans un bol, mélanger 15 ml (1 c. à soupe) d'huile de canola, le chili en poudre, le cumin, l'origan, le sel et le poivre. Ajouter le poulet et bien l'enrober du mélange. Dans une poêle antiadhésive, faire chauffer le reste de l'huile à feu moyen-vif ; faire cuire le poulet environ 10 minutes, ou jusqu'à ce que l'intérieur du poulet ait perdu sa couleur rose. Mettre le poulet dans une assiette.

2. Baisser le feu à moyen et faire cuire les oignons, les poivrons rouge et vert et le piment jalapeño dans la même poêle, environ 10 minutes, ou jusqu'à ce qu'ils soient tendres ; réserver.

3. Ajouter le poulet, les tomates et le fromage au mélange de poivrons ; mélanger. Répartir la farce entre les tortillas et rouler. Mettre les tortillas dans un plat allant au four, huilé, peu profond, de 22 x 33 cm (9 X 13 po). Couvrir de papier d'aluminium et cuire à 200 °C (450 °F) environ 15 minutes, ou jusqu'à ce que la farce soit très chaude. Retirer le papier d'aluminium et cuire encore 5 minutes, ou jusqu'à ce que les tortillas soient croustillantes. Garnir de fromage et de gouttes de crème sure avant de servir.

Donne 4 portions.

Option bœuf : vous pouvez remplacer le poulet par 450 g (1 lb) de steak de haut de surlonge à griller, coupé en fines lanières.

Option crevettes : vous pouvez remplacer le poulet par 450 g (1 lb) de grosses crevettes crues, décortiquées et déveinées.

La viande

Chili au bœuf et à l'aubergine

L'aubergine ajoute à ce chili une délicieuse touche originale.
Parsemez-le d'un peu de Monterey Jack allégé pour lui donner encore
plus de personnalité.

350 g (12 oz)	bœuf haché extra-maigre
15 ml (1 c. à soupe)	huile de canola
2	oignons hachés
4	gousses d'ail hachées finement
30 ml (2 c. à soupe)	chili en poudre
15 ml (1 c. à soupe)	origan séché
5 ml (1 c. à thé)	cumin moulu
2	poivrons verts hachés
500 ml (2 tasses)	aubergine en dés
1	boîte (796 ml – 28 oz) de tomates en dés
125 ml (½ tasse)	purée de tomates
1	boîte (540 ml – 19 oz) de haricots rouges égouttés et rincés

1. Dans une grande casserole, faire brunir le bœuf à feu moyen et le mettre dans une assiette. Dans la même casserole, faire chauffer l'huile à feu moyen et ajouter les oignons, l'ail, le chili en poudre, l'origan et le cumin. Cuire en remuant, environ 5 minutes, ou jusqu'à ce que les oignons soient ramollis. Ajouter les poivrons et l'aubergine ; cuire 10 minutes, ou jusqu'à ce que l'aubergine soit légèrement dorée. Ajouter les tomates, la purée de tomates et le bœuf bruni ; amener à ébullition. Baisser le feu et ajouter les haricots. Laisser mijoter environ 1 heure, ou jusqu'à ce que l'aubergine soit très tendre.

Donne 4 portions.

Hamburgers au raifort   FEU VERT

La combinaison bœuf et raifort rend ces hamburgers très populaires auprès des amateurs de viande. Pour obtenir un goût de raifort plus prononcé, il suffit de badigeonner les hamburgers d'un peu plus de condiment. Les hamburgers au raifort s'accompagnent bien d'une Salade de taboulé (voir la recette à la page 171).

1	petit oignon râpé
1	gousse d'ail hachée finement
30 ml (2 c. à soupe)	raifort
30 ml (2 c. à soupe)	sauce à steak
15 ml (1 c. à soupe)	moutarde de Dijon
15 ml (1 c. à soupe)	sauce Worcestershire
10 ml (2 c. à thé)	origan séché
2,5 ml (½ c. à thé)	poivre
1 ml (¼ c. à thé)	sel
30 ml (2 c. à soupe)	son de blé
30 ml (2 c. à soupe)	germe de blé
450 g (1 lb)	bœuf haché extra-maigre
2	petits pains de blé entier
4	feuilles de laitue
1	tomate tranchée
60 ml (¼ tasse)	germes de luzerne (facultatif)

1. Dans un grand bol, mélanger l'oignon, l'ail, le raifort, la sauce à steak, la moutarde, la sauce Worcestershire, l'origan, le sel et le poivre. Ajouter le son et le germe de blé ; bien mélanger. Laisser reposer 5 minutes. Avec les mains, incorporer uniformément le mélange au bœuf.

2. Former 4 croquettes d'environ 1,25 cm d'épaisseur. Déposer les croquettes sur une grille huilée ou dans une poêle antiadhésive et faire griller ou cuire, environ 12 minutes, en tournant une fois, ou jusqu'à ce que l'intérieur de la viande ne soit plus rose. Mettre les croquettes sur chacune des moitiés de petit pain. Garnir de laitue, de tranches de tomate et de luzerne (le cas échéant).

Donne 4 portions.

Fajitas au bœuf

*Ce plat, classique au restaurant, est très facile à préparer à la maison !
Servez les fajitas tout grésillants directement de la poêle à frire pour
produire un effet spectaculaire.*

5 ml (1 c. à thé)	huile de canola
450 g (1 lb)	steak de haut de surlonge à griller, en fines lanières
15 ml (1 c. à soupe)	sauce Worcestershire
Pincée	piment de Cayenne
1	oignon rouge tranché
2	gousses d'ail hachées finement
1	poivron rouge tranché
1	poivron vert tranché
10 ml (2 c. à thé)	chili en poudre
2,5 ml (½ c. à thé)	cumin moulu et thym séché
1 ml (¼ c. à thé)	sel et poivre
60 ml (¼ tasse)	sauce pour pâtes (ou salsa à faible teneur en matières grasses)
4	petites tortillas de blé entier
60 ml (¼ tasse)	crème sure allégée

1. Dans une grande poêle antiadhésive, faire chauffer l'huile à feu moyen-vif. Faire cuire le steak, la sauce Worcestershire et le piment de Cayenne 5 minutes, ou jusqu'à ce que la viande brunisse. Mettre la viande dans une assiette.

2. Dans la même poêle, faire cuire à feu moyen l'oignon, l'ail, les poivrons rouge et vert, le chili en poudre, le cumin, le thym, le sel et le poivre pendant 8 minutes, ou jusqu'à ce que les légumes soient légèrement croustillants. Ajouter la sauce pour les pâtes et cuire 5 minutes. Remettre le bœuf dans la poêle et cuire jusqu'à ce qu'il soit très chaud.

3. Répartir le mélange entre les tortillas, garnir de quelques gouttes de crème sure et rouler.

Donne 2 portions.

Option volaille : vous pouvez remplacer le bœuf par des poitrines de poulet ou de dinde désossées, sans la peau.

Option riz : vous pouvez servir le mélange à la viande sur du riz plutôt que d'en farcir des tortillas.

Boulettes de viande au bœuf

FEU VERT

Dans cette recette, vous pouvez utiliser du porc, du veau, du poulet ou de la dinde à la place du bœuf. Servez les boulettes de viande telles quelles ou avec une sauce pour pâtes à faible teneur en matières grasses que vous aimez et des spaghetti de blé entier.

1	œuf
125 ml (½ tasse)	craquelins de blé entier écrasés
80 ml (⅓ tasse)	persil italien frais, haché
30 ml (2 c. à soupe)	parmesan râpé
30 ml (2 c. à soupe)	germe de blé ou son de blé
2	gousses d'ail hachées finement
2,5 ml (½ c. à thé)	sel
1 ml (¼ c. à thé)	flocons de piment rouge
675 g (1½ lb)	bœuf haché extra-maigre

1. Dans un grand bol, fouetter l'œuf à la fourchette. Ajouter les craquelins, le persil, le fromage, le germe de blé, l'ail, le sel et les flocons de piment rouge ; bien mélanger. Ajouter la viande et mélanger avec les mains de manière à répartir les ingrédients uniformément.

2. Façonner le mélange en boulettes de 2,5 cm (1 po) et les disposer sur une plaque de cuisson tapissée de papier d'aluminium. Cuire au four à 200 °C (400 °F) pendant 20 minutes, ou jusqu'à ce que l'intérieur de la viande ait perdu sa couleur rose.

Donne 6 portions, ou environ 24 boulettes.

Option boulettes miniatures : servez-vous d'une cuillère à mesurer pour former des boulettes miniatures pour la famille.

Conservation : laissez refroidir les boulettes de viande et mettez-les dans un contenant hermétique ou un sac réutilisable. Elles se conserveront jusqu'à 2 mois au congélateur.

Sauce facile à la viande FEU VERT

Voici un souper épatant pour quatre : servez la moitié de cette recette avec 165 g (6 oz) de pâtes de blé entier. Vous pouvez également utiliser cette sauce dans la lasagne ou même la manger telle quelle comme un chili.

350 g (¾ lb)	bœuf haché extra-maigre
15 ml (1 c. à soupe)	huile de canola
1	oignon haché
2	gousses d'ail hachées finement
15 ml (1 c. à soupe)	origan séché
5 ml (1 c. à thé)	sel
1 ml (¼ c. à thé)	flocons de piment rouge
2	boîtes (796 ml ch. – 28 oz) de tomates italiennes en purée
1	poivron rouge haché
1	poivron vert haché
4	feuilles de basilic frais
4	brins de persil italien frais

1. Dans une casserole profonde, faire cuire le bœuf à feu moyen-vif environ 8 minutes, ou jusqu'à ce qu'il brunisse. Mettre le bœuf dans une assiette. Baisser le feu à moyen. Dans la même casserole, ajouter l'huile, l'oignon, l'ail, l'origan, le sel et les flocons de piment rouge ; cuire, en remuant, environ 5 minutes, ou jusqu'à ce que l'oignon soit ramolli.

2. Ajouter les tomates, les poivrons, le basilic et le persil et amener à ébullition. Remettre la viande dans la sauce. Baisser le feu et laisser mijoter environ 30 minutes ou jusqu'à ce que la sauce épaississe.

Donne environ 5½ tasses.

Conservation : laissez refroidir la sauce et mettez-la dans des contenants hermétiques. Elle se conserve jusqu'à un mois au congélateur.

Bœuf et haricots épicés

FEU VERT

Ce plat légèrement épicé accompagne bien les pâtes et la Salade piquante de chou rouge et vert (voir la recette à la page 160).

450 g (1 lb)	bœuf à ragoût maigre
15 ml (1 c. à soupe)	huile de canola
1	oignon haché
1	carotte hachée
2	gousses d'ail hachées finement
225 g (½ lb)	champignons blancs tranchés
5 ml (1 c. à thé)	feuilles de thym séché
2,5 ml (½ c. à thé)	flocons de piment rouge
500 ml (2 tasses)	bouillon de bœuf
60 ml (¼ tasse)	purée de tomates
15 ml (1 c. à soupe)	sauce Worcestershire
1	feuille de laurier
1	boîte (540 ml – 19 oz) haricots blancs, égouttés et rincés
1	poivron rouge haché
2,5 ml (½ c. à thé)	sel
1 ml (¼ c. à thé)	poivre
60 ml (¼ tasse)	persil ou basilic frais, haché

1. Dans une grande casserole peu profonde, faire chauffer une partie de l'huile à feu moyen-vif et faire brunir le bœuf. Mettre le bœuf dans une assiette ; réserver.
2. Remettre la casserole à feu moyen et ajouter le reste de l'huile. Ajouter l'oignon, la carotte, l'ail, les champignons, le thym et les flocons de piment rouge ; cuire environ 8 minutes, ou jusqu'à ce que l'oignon soit doré. Ajouter le bouillon de bœuf, la purée de tomates, la sauce Worcestershire, la feuille de laurier et le bœuf avec son jus de cuisson. Amener à ébullition. Baisser le feu, couvrir et laisser mijoter 1 heure.

3. Enlever le couvercle et ajouter les haricots, le poivron rouge, le sel et le poivre. Couvrir et remettre à mijoter 1 heure, ou jusqu'à ce que le bœuf soit très tendre. Retirer la feuille de laurier. Incorporer le basilic.

Donne 4 portions.

Option feu jaune à l'agneau : vous pouvez remplacer le bœuf par de l'agneau.

Cigares au chou vite faits FEU VERT

La préparation des cigares au chou traditionnels peut demander beaucoup de temps. Si vous n'avez pas le courage de vous y mettre, mais que vous avez envie de goûter leur délicieuse saveur, voici le plat qu'il vous faut. Il contient les mêmes ingrédients, mais il prend moitié moins de temps à préparer.

10 ml (2 c. à thé)	huile de canola
1	oignon haché finement
2	gousses d'ail hachées finement
175 ml (¾ tasse)	riz basmati
275 ml (1½ tasse)	bouillon de poulet ou de bœuf (faible en matières grasses et en sel)
2,5 ml (½ c. à thé)	sel
1 ml (¼ c. à thé)	poivre
350 g (¾ lb)	bœuf haché extra-maigre
2,5 ml (½ c. à thé)	graines de carvi ou de fenouil écrasées
2,5 ml (½ c. à thé)	origan séché
80 ml (⅓ tasse)	œuf liquide
60 ml (¼ tasse)	persil italien frais, haché
1	boîte (700 ml) sauce pour pâtes à faible teneur en matières grasses
1,5 l (6 tasses)	chou coupé finement
125 ml (½ tasse)	eau

1. Dans une petite casserole, faire chauffer l'huile à feu moyen. Cuire l'oignon et l'ail environ 3 minutes, ou jusqu'à ce qu'ils soient tendres. Ajouter le riz et remuer pour l'enrober. Verser le bouillon de bœuf et la moitié du sel et du poivre ; amener à ébullition. Couvrir et baisser le feu à doux ; cuire 15 minutes, ou jusqu'à ce que le liquide soit absorbé. Verser le riz dans un grand bol et le remuer à la fourchette. Réserver.

2. Dans une poêle antiadhésive, faire cuire le bœuf, le fenouil, l'origan et le reste du sel et du poivre à feu moyen-vif jusqu'à ce que le bœuf brunisse. Ajouter le mélange de riz ; incorporer l'œuf liquide et le persil.

3. Étendre 125 ml (½ tasse) de sauce pour pâtes au fond d'un plat allant au four de 22 cm x 33 cm (9 X 13 po). Parsemer un tiers du chou au fond du plat. Étaler la moitié du mélange de riz. Étendre ½ tasse de la sauce pour pâtes. Parsemer d'un tiers du chou et le reste du mélange de riz. Finir avec le reste du chou, en écrasant légèrement. Répandre le reste de la sauce pour pâtes et l'eau uniformément sur le dessus. Couvrir de papier d'aluminium et cuire au four à 180 °C (350 °F) environ 1 heure, ou jusqu'à ce que le chou soit tendre.

Donne 6 portions.

Option volaille : vous pouvez remplacer le bœuf par du poulet ou de la dinde hachés.

Option fenouil : si vous n'avez pas de fenouil, vous pouvez utiliser un mélange de 1 ml (¼ c. à thé) de graines d'anis écrasées et de 1 ml (¼ c. à thé) de graines de céleri.

Veau au parmesan

FEU VERT

Traditionnellement, ce mets italien classique se prépare avec des escalopes de veau frites. J'ai allégé un peu la recette en omettant la chapelure et en faisant plutôt griller le veau. La Soupe toscane aux haricots blancs (voir la recette à la page 147) est une entrée parfaite pour ce repas.

30 ml (2 c. à soupe)	parmesan râpé
7 ml (1½ c. à thé)	assaisonnement aux herbes à l'italienne
2,5 ml (½ c. à thé)	sel et poivre
450 g (1 lb)	escalopes de veau
250 ml (1 tasse)	sauce chaude pour pâtes (faible en matières grasses)
60 ml (¼ tasse)	mozzarella partiellement écrémée râpée
30 ml (2 c. à soupe)	persil italien ou basilic frais haché (facultatif)

1. Dans un petit bol, mélanger le parmesan, l'assaisonnement aux herbes à l'italienne, le sel et le poivre. Saupoudrer le mélange des deux côtés des escalopes de veau.
2. Mettre le veau sur une grille huilée à feu vif. Fermer le couvercle et faire griller, en tournant une fois, environ 5 minutes, ou jusqu'à ce que l'intérieur de la viande ait perdu sa couleur rose. Mettre les escalopes dans un plat peu profond ; verser la sauce sur les escalopes, puis garnir de mozzarella et de persil (au goût).

Donne 4 portions.

Cuisson à la poêle : si vous n'avez pas de gril, vous pouvez faire cuire les escalopes dans une poêle antiadhésive ou un plat à griller. Il suffit d'utiliser 10 ml (2 c. à thé) d'huile d'olive extra-vierge.

Option végétarienne : vous pouvez remplacer le veau par des tranches d'aubergine de 1,25 cm d'épaisseur. Badigeonnez-les de 15 ml (1 c. à soupe) d'huile d'olive extra-vierge, puis saupoudrez-les du mélange au fromage. Faites griller les tranches d'aubergine à feu moyen-vif 20 minutes, ou jusqu'à ce qu'elles soient tendres. Le reste de la recette ne change pas.

Filet de porc en croûte de moutarde et de ciboulette FEU JAUNE

Le porc est une viande très maigre, délicieuse avec de la moutarde. Essayez divers types de condiments, comme la moutarde de Dijon ou la moutarde aromatisée aux herbes pour changer. Pour un souper rapide et élégant, servez le filet de porc avec des carottes, du brocoli et un couscous.

1	filet de porc, d'environ 350 g (12 oz)
60 ml (¼ tasse)	moutarde granuleuse
1	gousse d'ail hachée finement
30 ml (2 c. à soupe)	ciboulette ou oignon vert frais, haché
5 ml (1 c. à thé)	huile de canola

1. À l'aide d'un couteau bien aiguisé, enlever l'excès de gras du filet de porc.
2. Dans un petit bol, mélanger la moutarde, l'ail, la ciboulette et l'huile. Étendre le mélange uniformément sur le filet de porc. Mettre celui-ci sur une plaque de cuisson tapissée de papier d'aluminium. Cuire au four à 220 °C (425 °F) environ 18 minutes, ou jusqu'à ce que l'intérieur du filet soit légèrement rosé.
3. Passer le filet sous le gril 1 minute pour le faire brunir ; tourner le filet et le faire griller 1 minute de l'autre côté. Laisser reposer 5 minutes. Trancher finement.

Donne 3 portions.

Conseil utile : s'il reste du porc, coupez-le en morceaux et servez-le en salade.

Ragoût de veau consistant

FEU VERT

Voici l'une des recettes que je préfère préparer le week-end. La viande mijotée longtemps fond dans la bouche. Vous pouvez aussi essayer le bœuf et le porc dans cette recette.

675 g (1½ lb)	épaule de veau maigre désossée
30 ml (2 c. à soupe)	farine de blé entier
10 ml (2 c. à thé)	assaisonnement aux herbes à l'italienne
2,5 ml (½ c. à thé)	sel et poivre
30 ml (2 c. à soupe)	huile de canola
2	oignons tranchés
4	gousses d'ail hachées finement
1	branche de céleri hachée
1	carotte hachée
750 ml (3 tasses)	bouillon de bœuf (faible en matières grasses et en sel)
60 ml (¼ tasse)	cèpes séchés
60 ml (¼ tasse)	purée de tomates
15 ml (1 c. à soupe)	sauce Worcestershire
1	boîte (540 ml – 19 oz) haricots blancs égouttés et rincés
250 ml (1 tasse)	pois mange-tout coupés en deux

1. Enlever le gras apparent du veau. Couper la viande en morceaux de 2,5 cm (1 po). Réserver.
2. Dans un plat peu profond ou un moule à tarte, mélanger la farine, l'assaisonnement aux herbes à l'italienne, le sel et le poivre. Enrober le veau de ce mélange.
3. Dans une grande casserole peu profonde, faire chauffer l'huile à feu moyen-vif. Faire brunir le veau et le mettre dans une assiette. Baisser le feu à moyen et faire cuire les oignons, l'ail, le céleri, la carotte et le reste du mélange à la farine, 5 minutes, ou jusqu'à ce que les oignons commencent à dorer. Ajouter le bouillon, les cèpes, la purée de tomates et la sauce Worcestershire. Amener à ébullition et remettre le veau dans la casserole.

4. Baisser le feu ; couvrir et laisser mijoter environ 1 heure, ou jusqu'à ce que le veau soit tendre. Enlever le couvercle et ajouter les haricots et les pois mange-tout. Cuire encore 15 minutes, ou jusqu'à ce que les pois mange-tout soient légèrement croquants.

Donne 6 portions.

Veau au fenouil et aux champignons

FEU VERT

Le veau est une viande maigre et tendre, et la saveur aromatique du fenouil lui convient parfaitement. On trouve le fenouil au comptoir des fruits et légumes du supermarché. Il a un léger goût de réglisse.

450 g (1 lb)	escalopes de veau
3 ml (¾ c. à thé)	sel
2,5 ml (½ c. à thé)	poivre
15 ml (1 c. à soupe)	huile d'olive extra-vierge
450 g (1 lb)	champignons blancs tranchés
½	bulbe de fenouil tranché finement
10 ml (2 c. à thé)	feuilles de sauge (ou 30 ml [2 c. à soupe] de sauge fraîche)
125 ml (½ tasse)	vin blanc sec ou marsala
60 ml (¼ tasse)	persil italien frais, haché

1. À l'aide d'un pilon à viande, écraser le veau de manière à obtenir des tranches de 3 mm (⅛ po) d'épaisseur. Saupoudrer les escalopes de 2,5 ml (½ c. à thé) de sel et de poivre.

2. Dans une grande poêle antiadhésive, faire chauffer l'huile à feu moyen-vif. Faire cuire les escalopes 2 minutes de chaque côté, ou jusqu'à ce qu'elles brunissent. Les mettre dans une assiette et les garder chaud.

3. Faire cuire les champignons, le fenouil, la sauge et le reste du sel 15 minutes, ou jusqu'à ce que tout le liquide soit évaporé et que les champignons commencent à brunir. Ajouter le vin et faire bouillir 3 minutes. Verser la sauce sur le veau et parsemer de persil.

Donne 4 portions.

Option veau piccata : à la place du vin, utilisez 60 ml (¼ tasse) de jus de citron et 2,5 ml (½ c. à thé) de zeste de citron râpé et faites bouillir la sauce 1 minute. Ajoutez 15 ml (1 c. à soupe) de câpres.

Ragoût d'agneau et de haricots

FEU JAUNE

Dans cette recette, les haricots donnent une texture crémeuse à l'agneau. Si vous n'avez pas encore essayé cette combinaison classique, elle pourrait devenir l'un des plats préférés de la famille.

680 g (1½ lb)	agneau maigre désossé
15 ml (1 c. à soupe)	huile de canola
2	oignons hachés
2	gousses d'ail hachées finement
15 ml (1 c. à soupe)	thym frais, haché (ou 5 ml [1 c. à thé] de thym séché)
10 ml (2 c. à thé)	romarin frais, haché (ou ½ c. à thé de romarin séché)
2,5 ml (½ c. à thé)	flocons de piment rouge
2,5 ml (½ c. à thé)	sel et poivre
750 ml (3 tasses)	bouillon de bœuf (faible en matières grasses et en sel)
1	feuille de laurier
1	boîte (540 ml – 19 oz) de haricots blancs égouttés et rincés
60 ml (¼ tasse)	persil italien frais, haché

1. Couper l'agneau en morceaux de 1,25 cm (½ po). Dans une grande casserole peu profonde, faire chauffer l'huile à feu moyen-vif et brunir l'agneau. Déposer l'agneau dans une assiette. Baisser le feu à moyen et faire revenir les oignons, l'ail, le thym, le romarin, les flocons de piment rouge, le sel et le poivre. Cuire environ 5 minutes, ou jusqu'à ce que l'oignon soit tendre.

2. Ajouter le bouillon de bœuf, la feuille de laurier et l'agneau au mélange aux oignons. Amener à ébullition, couvrir, baisser le feu et laisser mijoter 1 heure.

3. Entre-temps, à l'aide d'un pilon à pommes de terre, écraser grossièrement les haricots. Ajouter les haricots, la tomate et le persil à l'agneau ; couvrir et continuer la cuisson environ 30 minutes, ou jusqu'à ce que l'agneau soit très tendre et que la sauce soit épaisse. Enlever la feuille de laurier.

Donne 4 portions.

Filet de porc et
compote de pommes

FEU JAUNE

Vous pouvez servir ce plat réconfortant avec des choux de Bruxelles, des carottes tranchées et quelques pommes de terre nouvelles bouillies arrosés d'un peu de jus de citron et garnis de persil.

15 ml (1 c. à soupe)	moutarde de Dijon
2,5 ml (½ c. à thé)	sauge séchée
1 ml (¼ c. à thé)	thym séché
Pincée	sel et poivre
1	filet de porc, d'environ 375 g (¾ lb)
15 ml (1 c. à soupe)	huile de canola

Compote de pommes

5 ml (1 c. à thé)	huile de canola
2	petites pommes évidées et coupées en dés
1	oignon haché finement
1 ml (¼ c. à thé)	thym séché
Pincée	sel et poivre
60 ml (¼ tasse)	raisins de Corinthe
30 ml (2 c. à soupe)	jus de pomme

1. Dans un petit bol, mélanger la moutarde, la sauge, le thym, le sel et le poivre. Enrober le filet de porc du mélange.

2. Dans une poêle antiadhésive allant au four, faire chauffer l'huile à feu moyen-vif. Faire brunir le filet de porc d'un côté, le tourner et mettre la poêle au four à 400 °C (200 °F) environ 20 minutes, ou jusqu'à ce que le porc soit légèrement rosé à l'intérieur. Laisser reposer le filet 5 minutes avant de le trancher.

3. Compote de pommes : entre-temps, dans une autre poêle antiadhésive, faire chauffer l'huile à feu moyen-vif. Faire cuire les pommes, l'oignon, le thym, le sel et le poivre, 5 minutes, ou jusqu'à ce que les pommes soient dorées. Ajouter les raisins de Corinthe et le jus de pomme ; cuire 1 minute, ou jusqu'à ce que les pommes soient légèrement croquantes. Trancher le filet et le servir avec la compote de pommes.

Donne 3 portions.

Porc amandine FEU JAUNE

Ce plat se prépare en moins de temps qu'il n'en faut pour mettre la table ! Servez-le avec une grosse portion de haricots verts ou d'asperges à la vapeur.

4	côtelettes de porc désossées, à cuisson rapide
1	gousse d'ail hachée finement
¼ c. à thé	thym séché
Pincée	sel et poivre
5 ml (1 c. à thé)	huile de canola
60 ml (¼ tasse)	vin blanc sec
60 ml (¼ tasse)	bouillon de poulet
2,5 ml (½ c. à thé)	fécule de maïs
30 ml (2 c. à soupe)	amandes tranchées, grillées
5 ml (1 c. à thé)	persil italien frais, haché

1. Parsemer les côtelettes de porc d'ail, de thym, de sel et de poivre. Dans une grande poêle antiadhésive, faire chauffer l'huile à feu moyen-vif. Faire cuire les côtelettes 5 minutes en tournant une fois, ou jusqu'à ce qu'elles brunissent. Réserver dans une assiette.

2. Faire de nouveau chauffer la poêle et ajouter le vin et le bouillon. Amener à ébullition et cuire 1 minute. Délayer la fécule de maïs dans 10 ml (2 c. à thé) d'eau et la verser dans le mélange au vin. Cuire 30 secondes en remuant. Remettre les côtelettes de porc dans la poêle et les tourner pour les enrober de sauce. Parsemer d'amandes et de persil.

Donne 2 portions.

Option bouillon de poulet : si vous ne souhaitez pas utiliser de vin dans cette recette, vous n'avez qu'à utiliser la même quantité de bouillon de poulet. Ajoutez 5 ml (1 c. à thé) de jus de citron pour donner un peu de piquant à la sauce.

Conseil utile : si vous ne trouvez pas de côtelettes de longe de porc à cuisson rapide, vous pouvez utiliser des côtelettes de porc écrasées de 3 mm (⅛ po) d'épaisseur.

Côtelettes de porc au pesto

FEU JAUNE

Ce plat est rapide et facile à préparer les soirs de semaine où l'on est pressé.

4	côtelettes de porc désossées
60 ml (¼ tasse)	pesto
1 ml (¼ c. à thé)	sel et poivre
5 ml (1 c. à thé)	huile de canola
1	oignon tranché
1	poivron rouge en fines lanières
2,5 ml (½ c. à thé)	origan séché
80 ml (⅓ tasse)	bouillon de poulet

1. Dans une poêle antiadhésive, faire brunir les côtelettes de porc des deux côtés à feu moyen-vif. Badigeonner les côtelettes de pesto et les saupoudrer de sel et de poivre ; réserver.

2. Dans la même poêle, ajouter l'huile, l'oignon, le poivron rouge, l'origan et le reste du sel et du poivre. Cuire, en remuant, à feu moyen-vif, environ 4 minutes, ou jusqu'à ce que les oignons soient dorés. Ajouter le bouillon et les côtelettes de porc, côté pesto vers le haut. Couvrir et continuer la cuisson 5 minutes, ou jusqu'à ce que l'intérieur des côtelettes soit légèrement rosé.

Donne 4 portions.

Option feu vert au poulet : vous pouvez utiliser 4 poitrines ou 8 cuisses de poulet désossées à la place des côtelettes de porc.

Option pesto : achetez du pesto de tomates séchées à l'épicerie et essayez-le dans cette recette pour changer.

Côtelettes de porc aux pommes

FEU JAUNE

Pour cette recette, choisissez des pommes à cuire comme les Crispin, Délicieuse Jaune ou Northern Spy. Comme la sauce est vraiment succulente, ne manquez pas de servir ces côtelettes avec du riz basmati.

4	côtelettes de porc désossées
2,5 ml (½ c. à thé)	sel
Pincée	poivre
5 ml (1 c. à thé)	huile de canola
2	pommes évidées et tranchées
1	gros oignon tranché
250 ml (1 tasse)	eau
30 ml (2 c. à soupe)	raisins secs
1	feuille de laurier
7 ml (1½ c. à thé)	mélasse
7 ml (1½ c. à thé)	vinaigre de cidre
1 ml (¼ c. à thé)	thym séché
10 ml (2 c. à thé)	fécule de maïs

1. Enlever le gras des côtelettes de porc. Les saupoudrer de sel et de poivre.
2. Dans une grande casserole antiadhésive, faire chauffer l'huile à feu moyen-vif et faire brunir les côtelettes des deux côtés. Garnir les côtelettes de pommes et d'oignon. Ajouter l'eau, sauf 30 ml (2 c. à soupe). Ajouter les raisins secs, la feuille de laurier, la mélasse, le vinaigre, le thym et le reste du sel. Amener à ébullition. Couvrir, baisser le feu et laisser mijoter environ 45 minutes ou jusqu'à ce que le porc soit tendre.
3. Enlever le couvercle et délayer la fécule de maïs dans l'eau réservée. Verser la fécule de maïs dans la poêle et cuire, en remuant, environ 1 minute, ou jusqu'à ce que la sauce soit légèrement épaisse. Retirer la feuille de laurier.

Donne 4 portions.

Côtelettes de porc farcies à l'abricot et à la sauge   FEU JAUNE

Ces côtelettes de porc sont idéales pour les réceptions. Servez-les avec des haricots verts et des carottes garnies d'un soupçon d'huile d'olive et d'ail.

4	côtelettes de porc désossées, épaisses
Pincée	sel et poivre
10 ml (2 c. à thé)	huile de canola

Farce

5 ml (1 c. à thé)	huile de canola
1	petit oignon haché finement
2	gousses d'ail hachées finement
30 ml (2 c. à soupe)	sauge fraîche (ou 10 ml [2 c. à thé] de sauge séchée)
½	poivron rouge coupé en dés
250 ml (1 tasse)	chapelure de pain de blé entier fraîche
60 ml (¼ tasse)	abricots secs coupés en dés
60 ml (¼ tasse)	persil italien frais, haché
80 ml (⅓ tasse)	œuf liquide
1 ml (¼ c. à thé)	sel et poivre

1. Farce : dans une poêle antiadhésive, faire chauffer l'huile à feu moyen. Faire cuire l'oignon, l'ail, la sauge et le poivron rouge 6 minutes, ou jusqu'à ce que l'oignon soit tendre. Incorporer la chapelure, les abricots et le persil. Retirer du feu. Ajouter l'œuf liquide, le sel et le poivre et bien mélanger. Réserver.

2. Trancher les côtelettes dans l'épaisseur en laissant un côté attaché, et ouvrir chaque côtelette comme un livre. Répartir la farce entre les côtelettes et replier l'autre côté par-dessus. Saupoudrer de sel et de poivre.

3. Dans une casserole antiadhésive, faire chauffer l'huile à feu moyen-vif. Faire brunir les côtelettes des deux côtés. Mettre les côtelettes sur une plaque à pâtisserie tapissée de papier sulfurisé ou de papier d'aluminium et cuire au four à 220 °C (425 °F) 20 minutes, ou jusqu'à ce que l'intérieur des côtelettes soit légèrement rosé

Donne 4 portions.

Option feu vert au poulet : vous pouvez utiliser 4 poitrines de poulet désossées à la place des côtelettes de porc.

Ragoût de porc
à l'artichaut
FEU JAUNE

Il faut bien rincer les artichauts en conserve avant de les utiliser pour enlever le goût de saumure. Servez ce plat avec du riz et une salade verte aromatisée de vinaigre balsamique et de poivre.

680 g (1½ lb)	côtelettes de porc désossées
30 ml (2 c. à soupe)	farine de blé entier
5 ml (1 c. à thé)	cumin moulu
1 ml (¼ c. à thé)	curcuma moulu
1 ml (¼ c. thé)	coriandre moulue
1 ml (¼ c. à thé)	sel
Pincée	cannelle
Pincée	clous de girofle
30 ml (2 c. à soupe)	huile de canola
250 ml (1 tasse)	bouillon de poulet (faible en matières grasses et en sel) ou eau
2	oignons hachés
2	gousses d'ail hachées finement
1	carotte hachée
1	poivron vert haché
1	boîte (796 ml – 28 oz) tomates en dés
1	boîte (398 ml – 14 oz) cœurs d'artichaut égouttés, rincés et coupés en quatre
250 ml (1 tasse)	pois congelés

1. Couper les côtelettes en lanières de 1,25 cm (½ po) ; réserver. Dans un plat peu profond ou un moule à tarte, mélanger la farine, le cumin, le curcuma, la coriandre, le sel, la cannelle et les clous de girofle ; enrober les côtelettes de ce mélange.

2. Dans une grande casserole peu profonde, faire chauffer 15 ml (1 c. à soupe) d'huile à feu moyen-vif ; faire brunir les côtelettes ; ajouter de l'huile si nécessaire. Mettre les côtelettes dans une assiette. Verser le bouillon dans la casserole et déglacer le fond en remuant constamment. Ajouter les oignons, l'ail, la carotte et le poivron ; cuire 5 minutes. Ajouter les tomates et amener à ébullition. Remettre la viande avec son jus de cuisson dans la casserole ; baisser le feu, couvrir et laisser mijoter environ 1 heure, ou jusqu'à ce que le porc soit tendre.

3. Ajouter les artichauts et les pois et cuire, sans couvrir, 15 minutes, ou jusqu'à léger épaississement.

Donne 6 portions.

Les collations

Pois chiches séchés

Voici une collation qui peut conduire à l'accoutumance. Sa texture croquante et son goût salé la rapproche des croustilles et des bretzels. Le gras en moins !

2	boîtes (540 ml ch. − 19 oz) de pois chiches égouttés et rincés
30 ml (2 c. à soupe)	huile d'olive extra-vierge ou huile de canola
2,5 ml (½ c. à thé)	sel
Pincée	piment de Cayenne

1. Dans un grand bol, mélanger les pois chiches, l'huile, le sel et le piment de Cayenne. Disposer le mélange sur une grande plaque à pâtisserie en une seule couche.
2. Cuire au four à 200 °C (400 °F), environ 45 minutes, en agitant la plaque à quelques reprises durant la cuisson, ou jusqu'à ce que les pois chiches soient dorés. Laisser refroidir complètement.

Donne environ 750 ml (3 tasses).

Conseil utile : vous pouvez ajouter du sel ou d'autres épices pour varier la saveur des pois chiches.

Trempette aux haricots blancs, aux tomates et à la sauge FEU VERT

J'aime servir cette trempette avec des légumes et des croustilles de pita de blé entier à l'occasion de réceptions. Elle est également délicieuse dans un sandwich à la dinde.

30 ml (2 c. à soupe)	tomates séchées hachées
60 ml (¼ tasse)	eau bouillante
1	boîte (540 ml – 19 oz) haricots blancs, égouttés et rincés
30 ml (2 c. à soupe)	huile d'olive extra-vierge
2,5 ml (½ c. à thé)	sel
Pincée	poivre
15 ml (1 c. à soupe)	sauge fraîche, hachées (ou ½ c. à thé de sauge séchée)
1	gousse d'ail hachée finement

1. Laisser tremper les tomates 10 minutes dans l'eau bouillante. Égoutter et réserver le liquide.
2. Au robot culinaire, réduire en purée les haricots, les tomates, l'huile, le sel et le poivre et 30 ml (2 c. à soupe) du liquide réservé, jusqu'à l'obtention d'un mélange homogène. Incorporer la sauge et l'ail.

Donne 1½ tasse.

Conservation : la trempette se conserve jusqu'à 2 semaines au réfrigérateur dans un contenant hermétique.

Salade de fruits frais   FEU VERT

Gardez cette salade de fruits au réfrigérateur et servez-en des bols en collation l'après-midi ou en remontant après le souper.

2	oranges
2	kiwis pelés et tranchés
2	nectarines dénoyautées et tranchées
1	carambole tranchée (facultatif)
250 ml (1 tasse)	fraises coupées en deux
250 ml (1 tasse)	raisins rouges ou verts sans pépins
250 ml (1 tasse)	bleuets ou framboises
15 ml (1 c. à soupe)	édulcorant
10 ml (2 c. à thé)	jus de citron
Pincée	gingembre moulu

1. À l'aide d'un couteau dentelé, couper les deux extrémités des oranges. Avec un mouvement de scie, peler les oranges à vif. Dans un grand bol, couper les quartiers d'orange entre les membranes. Dans un autre petit bol, presser le jus qui reste dans les membranes ; réserver.
2. Ajouter les kiwis, les nectarines, la carambole (le cas échéant), les fraises, les raisins et les bleuets aux oranges. Mélanger.
3. Ajouter l'édulcorant, le jus de citron et le gingembre au jus d'orange réservé. Verser le mélange sur les fruits.

   Donne 1 l (4 tasses), suffisant pour 4 portions.

Conservation : la salade de fruits se conserve jusqu'à 2 jours au réfrigérateur dans un contenant fermé.

Option de service : si vous le voulez, vous pouvez garnir d'amandes tranchées et d'un peu de yogourt.

Hoummos aux
poivrons rouges grillés FEU VERT

L'hoummos se sert en trempette pour les légumes ou se tartine dans les sandwiches ou les hamburgers. Vous pouvez également le manger tel quel sur un demi-pita de blé entier avec des tranches de concombre et de tomate.

1	boîte (540 ml – 19 oz) pois chiches égouttés et rincés
125 ml (½ tasse)	poivrons rouges grillés, hachés
60 ml (¼ tasse)	tahini
2,5 ml (½ c. à thé)	cumin moulu
2,5 ml (½ c. à thé)	sel
30 ml (2 c. à soupe)	huile d'olive extra-vierge
30 ml (2 c. à soupe)	eau
15 ml (1 c. à soupe)	jus de citron
1	petite gousse d'ail hachée finement

1. Au robot culinaire, mélanger les pois chiches, les poivrons, le tahini, le cumin et le sel. Laisser le robot culinaire en marche, et ajouter l'huile et l'eau jusqu'à l'obtention d'une pâte très onctueuse. Incorporer le jus de citron et l'ail.

Donne environ 1½ tasse.

Version tomates séchées : omettez les poivrons rouges grillés et utilisez 125 ml (½ tasse) de tomates séchées, hachées, que vous aurez réhydratées dans de l'eau chaude, et égouttées.

Hoummos aux légumes grillés : omettez les poivrons rouges grillés et utilisez 60 ml (¼ tasse) de légumes grillés, hachés.

Conservation : l'hoummos se conserve jusqu'à 2 semaines au réfrigérateur dans un contenant hermétique.

Conseil utile : le tahini est une purée de graines de sésame. Vous en trouverez dans la plupart des épiceries ou dans les boutiques d'aliments en vrac ou d'aliments naturels. Il confère à l'hoummos une délicieuse saveur de noix.

Pomme au four

J'adore cette recette, parce qu'elle est rapide et facile à préparer, et qu'on peut la doubler ou la tripler au besoin. Les pommes au four constituent une collation délicieuse et elles sont bonnes pour la santé. Vous pouvez même en manger au petit-déjeuner.

1	pomme
45 ml (3 c. à soupe)	müesli (voir la recette à la page 129)
15 ml (1 c. à soupe)	margarine molle non hydrogénée
15 ml (1 c. à soupe)	raisins secs
10 ml (2 c. à thé)	édulcorant
Pincée	cannelle ou muscade

1. Évider la pomme à l'aide d'un vide-pommes ou d'une cuillère parisienne. Mettre la pomme sur une petite assiette ou dans un bol.
2. Mélanger le müesli, la margarine, les raisins secs et l'édulcorant, et farcir la pomme avec ce mélange. Garnir de cannelle. Couvrir d'une pellicule plastique sans serrer. Cuire au four à micro-ondes environ 3 minutes, ou jusqu'à ce que la pomme soit tendre.

Donne 1 portion.

Conseil utile : le temps de cuisson au four à micro-ondes varie selon la puissance du four. Vous pouvez vérifier la cuisson à la moitié du temps et déterminer combien il lui faudra pour cuire entièrement.

Option poire : omettez la pomme et utilisez une poire Bartlett ou Bosc ferme et mûre. La poire cuit plus rapidement que la pomme.

Scones au blé entier FEU VERT

*Je vous recommande ces galettes avec une tasse de thé bien chaud
en après-midi. La version aux fruits sucrés, tartinée d'un peu de
confiture de fruits sans sucre, est délicieuse au petit-déjeuner.*

375 ml (1½ tasse)	farine de blé entier
125 ml (½ tasse)	son d'avoine
3	oignons verts hachés
45 ml (3 c. à soupe)	graines de lin ou de tournesol
10 ml (2 c. à thé)	levure chimique (poudre à pâte)
10 ml (2 c. à thé)	édulcorant
2,5 ml (½ c. à thé)	sel
1 ml (¼ c. à thé)	muscade
60 ml (¼ tasse)	margarine molle non hydrogénée
160 ml (⅔ tasse)	lait écrémé
30 ml (2 c. à soupe)	œuf liquide

1. Dans un grand bol, mélanger la farine, le son d'avoine, les oignons, les graines de lin, la levure chimique, l'édulcorant, le sel et la muscade. Avec les doigts, incorporer la margarine au mélange. Ajouter le lait et mélanger à la fourchette de manière à former une pâte molle.

2. Mettre la pâte sur une surface enfarinée et la pétrir délicatement 5 fois. Aplatir la pâte à une épaisseur de 1,25 cm (½ po). Couper la pâte en 8 carrés ou utiliser un emporte-pièce pour former les scones. Mettre les scones sur une plaque à pâtisserie et badigeonner le dessus avec l'œuf liquide. Mettre au four à 220 °C (425 °F) environ 12 minutes, ou jusqu'à ce que le dessous soit doré.

Donne 8 scones.

Option fruits sucrés : omettez les oignons verts et les graines de lin. Augmentez la quantité d'édulcorant à 30 ml (2 c. à soupe) et ajoutez 125 ml (½ tasse) d'abricots séchés, de raisins secs ou de canneberges séchées.

Muffins au son et à l'orange

FEU JAUNE

Ruth aime préparer ces muffins pour Rick et leurs amis. Bien que cette recette demande une orange entière, l'édulcorant chasse l'amertume de l'écorce. Utilisez les oranges Navel. Elles n'ont pas de pépins et sont très juteuses.

1	orange non pelée
175 ml (¾ tasse)	lait écrémé
125 ml (½ tasse)	jus d'orange
60 ml (¼ tasse)	margarine molle non hydrogénée
1	œuf
5 ml (1 c. à thé)	vanille
500 ml (2 tasses)	farine de blé entier
125 ml (½ tasse)	son de blé
60 ml (¼ tasse)	édulcorant
5 ml (1 c. à thé)	levure chimique
5 ml (1 c. à thé)	bicarbonate de soude
5 ml (1 c. à thé)	cannelle
Pincée	sel

1. Couper l'orange en 8 quartiers. Mettre les quartiers dans un robot culinaire et hacher finement. Ajouter le lait, le jus d'orange, la margarine, l'œuf et la vanille ; réduire en une purée homogène.
2. Dans un grand bol, mélanger la farine, le son, l'édulcorant, la levure chimique, le bicarbonate de soude, la cannelle et le sel. Verser le mélange à l'orange sur la préparation à la farine et mélanger. Répartir la pâte dans un moule à 12 muffins huilé ou garni de moules en papier. Cuire au four à 220 °C (425 °F) 20 minutes, ou jusqu'à ce que les muffins soient dorés et fermes au toucher.

Donne 12 muffins.

Conservation : ces muffins se conservent pendant 2 jours à température ambiante, et jusqu'à 1 mois au congélateur.

Muffins au son, aux canneberges et à la cannelle

FEU VERT

Ma tante Carmen est infirmière et elle aime préparer ces muffins en grande quantité pour en proposer à ses collègues du quart de nuit. Ils sont très nourrissants, contiennent beaucoup de fibres et ont un délicieux goût de cannelle.

250 ml (1 tasse)	son de blé
125 ml (½ tasse)	céréales All-Bran ou 100 % Bran
1 ml (¼ c. à thé)	sel
125 ml (½ tasse)	eau bouillante
250 ml (1 tasse)	lait écrémé
250 ml (1 tasse)	canneberges séchées
80 ml (⅓ tasse)	édulcorant
1	œuf
60 ml (¼ tasse)	huile de canola
300 ml (1¼ tasse)	farine de blé entier
6 ml (1¼ c. à thé)	bicarbonate de soude
5 ml (1 c. à thé)	cannelle

1. Dans un bol, mélanger le son, les céréales et le sel. Verser l'eau bouillante sur le mélange et remuer. Incorporer le lait et les canneberges ; réserver.
2. Dans un autre bol, fouetter l'édulcorant, l'œuf et l'huile. Incorporer ce mélange à la préparation au son.

3. Dans un grand bol, mélanger la farine, le bicarbonate de soude et la cannelle. Verser le mélange au son sur celui de farine et bien incorporer. Répartir la pâte dans un moule à 12 muffins huilé ou garni de moules en papier. Cuire au four à 190 °C (375 °F) 20 minutes, ou jusqu'à ce qu'une sonde à gâteau piquée au centre en ressorte propre.

Donne 12 muffins.

Conservation : ces muffins se conservent 2 jours à la température ambiante et jusqu'à 1 mois au congélateur. Enveloppez chaque muffin individuellement avant de congeler pour éviter les brûlures de congélation. Puis, placez-les dans un sac de plastique réutilisable ou un contenant hermétique.

Muffins aux bleuets et au citron

FEU JAUNE

Le citron et les bleuets ont une affinité naturelle. Vous pouvez emballer ces muffins individuellement dans une pellicule plastique et les mettre au congélateur dans de grands sacs de plastique réutilisables. Pour consommer, laissez-les dégeler à la température ambiante ou mettez-les dans le four à micro-ondes pour obtenir le goût des muffins frais sortis du four.

375 ml (1½ tasse)	farine de blé entier
125 ml (½ tasse)	son de blé
125 ml (½ tasse)	édulcorant
15 ml (1 c. à soupe)	levure chimique
2,5 ml (½ c. à thé)	sel
250 ml (1 tasse)	lait écrémé
1	œuf
60 ml (¼ tasse)	margarine molle non hydrogénée fondue (ou huile de canola)
15 ml (1 c. à soupe)	zeste de citron râpé
250 ml (1 tasse)	bleuets frais ou congelés

1. Dans un grand bol, mélanger la farine, le son, l'édulcorant, la levure chimique et le sel. Dans un petit bol, fouetter le lait, l'œuf, la margarine et le zeste de citron. Verser le mélange liquide sur les ingrédients secs et remuer. Incorporer les bleuets.

2. Diviser la pâte en 9 muffins dans un moule à muffins huilé ou garni de moules en papier. Humecter les moules de papier avant de les remplir pour éviter qu'ils brûlent. Cuire au four à 190 °C (375 °F) 20 minutes, ou jusqu'à ce que les muffins soient dorés et fermes au toucher.

Donne 9 muffins.

Conseil utile : si vous utilisez des bleuets congelés, ne les faites pas décongeler. Ajoutez-les directement dans la pâte.

Conservation : ces muffins se conservent 2 jours à la température ambiante et jusqu'à 3 semaines au congélateur.

Pain aux pommes
et aux raisins

FEU JAUNE

Une tranche de ce pain constitue une délicieuse collation d'après-midi. Vous pouvez également faire griller votre tranche de pain et la tartiner d'un peu de margarine. Le pain se conservera plus longtemps si vous l'enveloppez dans une pellicule plastique et du papier d'aluminium. Si vous le congelez, il se conservera jusqu'à un mois.

300 ml (1¼ tasse)	farine de blé entier
125 ml (½ tasse)	son de blé
125 ml (½ tasse)	édulcorant
10 ml (2 c. à thé)	cannelle
5 ml (1 c. à thé)	levure chimique
2,5 ml (½ c. à thé)	bicarbonate de soude
1 ml (¼ c. à thé)	muscade
1 ml (¼ c. à thé)	sel
2	pommes évidées et coupées en dés
80 ml (⅓ tasse)	raisins secs
80 ml (⅓ tasse)	pacanes ou amandes hachées (facultatif)
250 ml (1 tasse)	babeurre
80 ml (⅓ tasse)	œuf liquide
60 ml (¼ tasse)	huile de canola
30 ml (2 c. à soupe)	succédané de sucre brun (facultatif)

1. Dans un grand bol, mélanger la farine, le son, l'édulcorant, la cannelle, la levure chimique, le bicarbonate de soude, la muscade et le sel. Incorporer les pommes, les raisins secs et les pacanes (le cas échéant), de manière à bien les enrober de farine.

2. Fouetter le babeurre, l'œuf liquide et l'huile. Verser ce mélange sur celui à la farine et bien incorporer. Verser la pâte dans un moule à pain graissé de 22 x 12 cm (9 po X 5 po). Saupoudrer le dessus de succédané de sucre brun (au goût). Cuire au four à 180 °C (350 °F) 45 minutes, ou jusqu'à ce que le pain soit doré et qu'une sonde à gâteau piquée au centre en ressorte propre. Laisser refroidir sur une grille à pâtisserie.

Donne 1 pain ou 12 tranches.

Conseil utile : vous n'avez pas de babeurre dans le réfrigérateur ? Qu'à cela ne tienne. Il vous suffit de préparer du lait acidulé, qui le remplace très bien. Ajoutez 15 ml (1 c. à soupe) de jus de citron ou de vinaigre blanc à 250 ml (1 tasse) de lait écrémé. Laissez reposer quelques minutes. Mélangez, et le tour est joué : vous avez du lait acidulé.

Les desserts

Poires pochées FEU VERT

Faire pocher des poires dans du jus de fruits les rend encore plus sucrées et leur donne une saveur plus riche. Servez-les avec une cuillerée de Fromage de yogourt (voir la recette à la page 128) ou de crème glacée à faible teneur en matières grasses, sans sucre ajouté.

500 ml (2 tasses)	jus de poire
4	grains de poivre
2	clous de girofle entiers
1	bâton de cannelle
2	poires évidées et coupées en quartiers

1. Amener le jus, les grains de poivre, les clous et le bâton de cannelle à ébullition dans une casserole. Baisser le feu à doux et ajouter les poires. Laisser mijoter environ 10 minutes, ou jusqu'à ce que les poires soient tendres lorsqu'on les perce avec un couteau. Mettre les poires dans un bol.
2. Amener de nouveau à ébullition le mélange à base de jus. Faire bouillir 3 minutes. Filtrer le jus sur les poires.

Donne 2 portions.

Conseil utile : choisissez des poires mûres en les prenant et en pressant légèrement leur chair. Les poires qu'il vous faut cèdent légèrement à la pression et dégagent un arôme frais et mûr.

Pudding au riz basmati FEU VERT

Voici l'aliment réconfortant par excellence, qui réchauffe le cœur et l'âme. Essayez-le avec d'autres fruits que vous aimez, comme les fraises ou les prunes.

750 ml (3 tasses)	lait écrémé
125 ml (½ tasse)	riz basmati
60 ml (¼ tasse)	édulcorant
5 ml (1 c. à thé)	vanille
1 ml (¼ c. à thé)	cardamome ou cannelle moulue
2	pêches ou nectarines, pelées et tranchées mince

1. Dans une casserole épaisse, amener le lait et le riz à ébullition à feu moyen. Baisser le feu à doux ; remuer, couvrir et cuire environ 30 minutes, ou jusqu'à ce que le lait soit presque complètement absorbé. Incorporer l'édulcorant, la vanille et la cardamome.

2. Disposer dans 4 ramequins et garnir de pêches tranchées.

Donne 4 portions.

Croûte aux petits fruits

FEU VERT

*Voici l'un des desserts feu vert préférés de Ruth. Bien qu'il soit
meilleur avec des petits fruits frais durant l'été, il est également très
bon avec des fruits congelés.*

1, 25 l (5 tasses)	petits fruits frais ou congelés (framboises, mûres, bleuets et fraises tranchées)
1	grosse pomme évidée et hachée
30 ml (2 c. à soupe)	farine de blé entier
30 ml (2 c. à soupe)	édulcorant
2,5 ml (½ c. à thé)	cannelle

Garniture

250 ml (1 tasse)	flocons d'avoine
125 ml (½ tasse)	pacanes ou noix hachées
60 ml (¼ tasse)	succédané de sucre brun
60 ml (¼ tasse)	margarine molle non hydrogénée, fondue
5 ml (1 c. à thé)	cannelle

1. Dans un plat carré de 20 cm (8 po) allant au four, mélanger les petits fruits et les pommes. Dans un bol, mélanger la farine, l'édulcorant et la cannelle. Saupoudrer ce mélange sur les fruits et mélanger légèrement.

2. Garniture : dans un bol, mélanger l'avoine, les pacanes, le succédané de sucre brun, la margarine et la cannelle. Étaler ce mélange sur les fruits. Cuire au four à 180 °C (350 °F) 30 minutes, ou jusqu'à ce que les fruits soient tendres et le dessus doré.

Donne 6 portions.

Option four à micro-ondes : préparez la recette comme elle est décrite et faites cuire au four à micro-ondes à la puissance maximale pendant 6 minutes, ou jusqu'à ce que les fruits soient tendres. Si vous choisissez la cuisson au micro-ondes, le dessus ne sera ni doré ni croustillant.

Tartelette givrée aux pommes

FEU VERT

Cette tartelette est digne d'être servie aux invités. Elle est particulièrement jolie quand on la prépare avec des pommes à peau rouge.

250 ml (1 tasse)	amandes entières
125 ml (½ tasse)	chapelure sèche de blé entier
5 ml (1 c. à thé)	cannelle
2	blancs d'œufs légèrement battus
125 ml (½ tasse)	compote de pommes non sucrée
1	œuf
30 ml (2 c. à soupe)	édulcorant
1 ml (¼ c. à thé)	extrait d'amande
2	pommes évidées
30 ml (2 c. à soupe)	confiture d'abricots ou de pêches non sucrée

1. Mettre les amandes sur une plaque à pâtisserie et les faire griller au four à 180 °C (350 °F) environ 10 minutes, ou jusqu'à ce qu'un arôme s'en dégage. Laisser refroidir.

2. Au robot culinaire, hacher finement les amandes ; les mettre dans un bol. Ajouter la chapelure et 2,5 ml (½ c. à thé) de cannelle ; mélanger. Ajouter les blancs d'œufs et mélanger. Presser le mélange sur le fond et les côtés d'une assiette à tarte de 20 cm (8 po). Cuire au four à 180 °C (350 °F) 10 minutes, ou jusqu'à ce que la croûte soit ferme. Laisser refroidir.

3. Dans un bol, fouetter la compote de pommes, l'œuf, l'édulcorant, le reste de la cannelle et l'extrait d'amande. Étaler le mélange sur la croûte.

4. Couper les pommes en deux et faire de minces tranches en forme de demi-lune. Disposer les tranches de pommes en cercles sur le mélange à la compote de pommes. Cuire au four à 200 °C (400 °F) 15 minutes, ou jusqu'à ce que les pommes soient tendres lorsqu'on les perce avec un couteau. Badigeonner le dessus de confiture. Laisser refroidir sur une grille.

Donne 6 portions.

Mousse au chocolat
au four
FEU VERT

Un vrai péché en apparence, cette mousse est dense et riche.
Préparez-la le week-end pour en profiter toute la semaine.

250 ml (1 tasse)	lait écrémé
90 g (3 oz)	chocolat non sucré, haché
125 ml (½ tasse)	œuf liquide
250 ml (1 tasse)	édulcorant
10 ml (2 c. à thé)	vanille

1. Faire chauffer le lait dans une casserole à feu moyen, jusqu'à ce qu'il soit fumant. Incorporer le chocolat en fouettant jusqu'à ce qu'il fonde.

2. Dans un bol, fouetter l'œuf liquide, l'édulcorant et la vanille. Incorporer graduellement en fouettant le mélange au lait dans celui à l'œuf. Verser dans des ramequins. Mettre les ramequins dans un plat allant au four de 20 cm (8 po). Remplir le plat d'eau bouillante autour des ramequins jusqu'à mi-hauteur.

3. Cuire au four à 160 °C (325 °F) 25 minutes, ou jusqu'à ce qu'un couteau inséré au centre en ressorte crémeux.

Donne 4 portions.

Conseil utile : laisser refroidir la mousse complètement avant de la réfrigérer pour éviter des gouttes d'eau sur la surface.

Conservation : couvrez la mousse d'une pellicule plastique. Elle se conservera jusqu'à 1 semaine au réfrigérateur.

Biscuits au son et aux amandes

FEU VERT

Ces biscuits sont meilleurs le jour de la cuisson. Par la suite, ils ont tendance à perdre leur texture croquante, bien qu'ils aient toujours le même goût délicieux. Accompagnez-les d'une tasse de café décaféiné ou d'un verre de lait écrémé.

2	blancs d'œufs
1 ml (¼ c. à thé)	crème de tartre
80 ml (⅓ tasse)	édulcorant
160 ml (¼ tasse)	céréales All Bran ou 100 % Bran
125 ml (½ tasse)	amandes rôties hachées
15 ml (1 c. à soupe)	vanille
1 ml (¼ c. à thé)	extrait d'amande

1. Dans un grand bol, battez les blancs d'œufs et la crème de tartre jusqu'à la formation de pics mous. Ajouter graduellement l'édulcorant et battre jusqu'à la formation de pics fermes. Incorporer les céréales, les amandes, la vanille et l'extrait d'amande.

2. Répartir la pâte à la cuillère sur une plaque à pâtisserie tapissée de papier sulfurisé. Cuire au four à 160 °C (325 °F) environ 15 minutes, ou jusqu'à ce que les biscuits soient légèrement colorés et fermes au toucher. Laisser refroidir complètement.

Donne environ 18 biscuits.

Conservation : les biscuits se conservent jusqu'à 5 jours dans un contenant hermétique. Ils ne supportent pas bien la congélation.

Biscuits
« tarte aux pommes »

FEU VERT

Ces biscuits allient toutes les saveurs de la tarte aux pommes traditionnelle et ont une texture semblable à celle des barres granola non croquantes. Une collation extraordinaire !

250 ml (1 tasse)	flocons d'avoine
175 ml (¾ tasse)	farine de blé entier
5 ml (1 c. à thé)	cannelle
2,5 ml (½ c. à thé)	levure chimique
Pincée	muscade et sel
175 ml (¾ tasse)	compote de pommes non sucrée
80 ml (⅓ tasse)	édulcorant
80 ml (⅓ tasse)	œuf liquide
10 ml (2 c. à thé)	vanille
1	pomme évidée et coupée en dés

1. Dans un grand bol, mélanger l'avoine, la farine, la cannelle, la levure chimique, la muscade et le sel. Dans un autre bol, fouetter la compote de pommes, l'édulcorant, l'œuf liquide et la vanille. Verser sur le mélange à l'avoine et bien mélanger. Ajouter la pomme et remuer pour la répartir uniformément.

2. Répartir la pâte à la cuillère sur une plaque à pâtisserie tapissée de papier sulfurisé. Cuire au four à 125 °C (275 °F) 25 minutes, ou jusqu'à ce que les biscuits soient fermes et légèrement dorés. Laisser refroidir complètement.

Donne environ 18 biscuits.

Conservation : les biscuits se conservent jusqu'à 5 jours dans un contenant hermétique et 2 semaines au congélateur.

Brownies aux pacanes   FEU VERT

Brownies, dites-vous ? Absolument. Ceux-ci débordent de fibres et sont tout simplement délicieux. Alors, à vos fourneaux !

1	boîte (540 ml — 19 oz) de haricots blancs, rouges ou noirs, égouttés et rincés
125 ml (½ tasse)	lait écrémé
80 ml (⅓ tasse)	œuf liquide
60 ml (¼ tasse)	margarine molle non hydrogénée, fondue
15 ml (1 c. à soupe)	vanille
175 ml (¾ tasse)	édulcorant
125 ml (½ tasse)	farine de blé entier
125 ml (½ tasse)	cacao en poudre non sucré
5 ml (1 c. à thé)	levure chimique
Pincée	sel
125 ml (½ tasse)	pacanes rôties, hachées

1. Au robot culinaire, réduire les haricots en purée grossière. Incorporer le lait, l'œuf liquide, la margarine et la vanille et réduire en purée uniforme, en détachant les côtés à quelques reprises. Réserver.
2. Dans un grand bol, mélanger l'édulcorant, la farine, le cacao, la levure chimique et le sel. Verser le mélange de haricots sur la préparation et mélanger. Verser la pâte dans un moule à pâtisserie carré de 20 cm (8 po), tapissé de papier sulfurisé. Égaliser le dessus. Garnir de pacanes.
3. Cuire au four à 180 °C (350 °F) 18 minutes, ou jusqu'à ce qu'une sonde à gâteau piquée au centre en ressorte propre. Laisser refroidir sur une grille.

Donne 16 brownies.

Conservation : couverts d'une pellicule plastique ou dans un contenant hermétique, les brownies se conservent 4 jours, et jusqu'à 2 semaines au congélateur.

Annexe 1

Glossaire des aliments feu vert

Voici, en résumé, les aliments feu vert les plus populaires.

Amandes

De toutes les noix, ce sont les amandes qui contiennent le plus de matières grasses monoinsaturées (bons lipides). En outre, de récentes recherches indiquent que les amandes peuvent réduire considérablement la LDL (lipoprotéine de basse densité), ou mauvais cholestérol. Elles sont aussi une excellente source de vitamine E, de fibres et de protéines. Elles rehaussent avantageusement la teneur en lipides de vos repas, surtout au petit-déjeuner, dans les salades ou les desserts. Comme les noix contiennent beaucoup de calories, il faut les consommer avec modération.

Céréales

Mangez seulement du gruau, du son d'avoine ou une autre céréale froide à haute teneur en fibres (10 g de fibres par portion ou plus). Bien que ces céréales ne soient pas très savoureuses, vous pouvez les agrémenter de fruits, de yogourt faible en M. G. à saveur de fruits, d'un édulcorant ou même de tartinade de fruits. Pour sucrer vos céréales, servez-vous d'un édulcorant et non de sucre.

Crème sure

La crème sure à 1 % M. G., ou sans matières grasses, additionnée d'une petite quantité d'édulcorant remplace avantageusement la crème fouettée comme garniture à dessert. Vous pouvez également la mélanger avec des tartinades de fruits à faible teneur en sucre pour obtenir un dessert crémeux.

Édulcorants (succédanés du sucre)

Une quantité phénoménale d'informations erronées a circulé sur les édulcorants artificiels. Elles se sont toutes révélées sans fondement. L'industrie du sucre a considéré, à juste titre, ces nouveaux produits comme une menace et a fait de son mieux pour les calomnier. Utilisez des édulcorants comme Égale, Splenda, Sweet'N Low et Sugar Twin pour remplacer le sucre.

Si vous êtes allergique aux édulcorants, optez pour le fructose plutôt que le sucre. L'édulcorant à base de stevia, qu'on trouve dans les boutiques d'aliments naturels, est acceptable à la condition qu'on l'utilise avec modération, parce que des études sur sa consommation à long terme n'ont pas encore été menées.

Fromage cottage

Le fromage cottage 1 % M. G, ou sans matières grasses, est un excellent aliment qui contient peu de lipides et beaucoup de protéines. Mangez-en avec des fruits pour les collations ou ajoutez-en dans vos salades.

Fromage de yogourt

Le fromage de yogourt remplace délicieusement la crème dans les desserts ou les plats principaux comme le chili.

Emily propose une recette avec cet ingrédient feu vert de base à la page 128.

Gruau

Si vous n'avez pas mangé de gruau depuis l'enfance, c'est le moment de vous y remettre. Le gruau à gros flocons ou à l'ancienne est un petit-déjeuner de choix. En plus d'être un aliment feu vert, il a l'avantage d'abaisser le taux de cholestérol. Les versions instantanées ou à cuisson rapide (1 minute) ne sont pas recommandées, parce qu'elles contiennent moins de fibres à cause de la transformation supplémentaire de l'avoine. J'aime tellement le gruau que j'en mange souvent en collation avec de la compote de pommes non sucrée et un édulcorant. Dans ce cas, je prends ⅓ de tasse d'avoine.

Hamburgers

Les hamburgers sont acceptables, mais seulement lorsqu'ils sont faits de bœuf haché extra-maigre, qui contient au plus 10 % de gras. Mélangez la viande avec un peu de son d'avoine pour en augmenter la teneur en fibres tout en diminuant la proportion de matières grasses. On peut aussi remplacer le bœuf haché par de la poitrine de dinde ou de poulet hachée.

Par ailleurs, certains produits à base de soya peuvent remplacer la viande. Leur goût est remarquable et ça vaut la peine de les essayer. La portion ne devrait pas excéder 115 g ; utilisez seulement la moitié d'un petit pain de blé entier et mangez le hamburger ouvert.

Haricots secs

S'il est un aliment dont vous ne pouvez trop manger, ce sont bien les haricots ou les légumineuses. Ces parfaits aliments feu vert contiennent beaucoup de protéines et de fibres et peuvent compléter presque tous les repas. Préparez des salades de haricots ou ajoutez-en simplement dans n'importe quelle salade. Mettez-en dans les soupes, substituez-les à la viande dans les ragoûts ou ajoutez-en dans les pains de viande. Servez-les comme légume d'accompagnement ou pour remplacer les pommes de terre, le riz ou les pâtes. Il existe une grande variété de haricots en conserve et congelés.

Faites preuve de prudence en ce qui concerne les haricots au lard parce que la sauce peut contenir beaucoup de matières grasses et de calories. Vérifiez l'étiquette, choisissez des produits à faible teneur en matières grasses et réduisez les portions.

Les haricots ont une réputation bien méritée en ce qui a trait à la production de flatulences. Patience, votre corps s'adaptera à l'augmentation de votre consommation.

Lait

Utilisez seulement du lait écrémé. Si vous avez du mal à vous y habituer, buvez du lait 1 % et apprenez à vous en passer progressivement. La matière grasse que vous laisserez tomber est une (mauvaise) graisse saturée. Le lait est idéal en collation ou complément de repas. Je bois deux verres de lait écrémé par jour, au petit-déjeuner et au dîner.

Noix

Les noix sont la principale source de «bons» lipides, essentiels à la santé. Les amandes tranchées sont le meilleur choix. Ajoutez-en aux céréales, aux salades et aux desserts. Comme les noix contiennent beaucoup de calories, il faut les consommer avec modération.

Œufs

Tant que vous vous en tenez aux œufs sous forme liquide à faible teneur en cholestérol et en matières grasses, comme Break Free et Omega Pro, vous n'aurez pas besoin de limiter votre consommation.

Dans la phase II, si vous préférez manger des œufs entiers, achetez-en de la variété oméga-3. Ils contiennent moins de cholestérol que les œufs ordinaires. Leur teneur en oméga-3 est bénéfique pour la santé du cœur.

Oranges

Les oranges fraîches sont excellentes en collation ou avec des céréales au petit-déjeuner. Un verre de jus d'orange contient deux fois et demi plus de calories qu'une orange entière. Alors évitez le jus et tenez-vous en à l'original.

Orge

L'orge complète très bien les soupes.

Pain

La plupart des pains appartiennent à la catégorie feu rouge, sauf les pains à 100 % de blé entier moulu sur pierre et les autres pains de blé entier qui contiennent de 2½ à 3 g de fibres par tranche. Lisez attentivement les étiquettes, parce que les fabricants aiment déjouer les consommateurs non avertis. La plupart des pains sont faits de farine moulue au moyen de rouleaux d'acier qui éliminent l'enveloppe de son et produisent une poudre très fine idéale pour fabriquer des pâtisseries et des pains légers. Par contre, les meules de pierre broient les grains plus grossièrement et conservent une plus grande proportion de l'enveloppe de son. L'estomac digère donc le pain de blé moulu sur pierre plus lentement.

Même dans le cas du pain de blé entier moulu sur pierre, surveillez les quantités. N'en mangez pas plus d'une tranche par repas.

Pamplemousse

Le pamplemousse est en tête de liste des aliments feu vert. Mangez-en autant que vous voulez.

Pâtes alimentaires

La plupart des pâtes sont acceptables si on ne les fait pas trop cuire (elles doivent être *al dente*, c'est-à-dire assez fermes sous la dent) et si les portions se limitent au quart de l'assiette. Elles *ne doivent pas* constituer la base du repas. Ce n'est qu'un mets d'accompagnement.

Pêches, poires et prunes

Les pêches, les poires et les prunes sont fantastiques en collation, en dessert ou en complément des céréales du petit-déjeuner. Vous pouvez les manger fraîches ou en conserve dans le jus ou dans l'eau (il faut toutefois les égoutter).

Poissons et fruits de mer

Les poissons et les fruits de mer sont des aliments feu vert idéaux. Ils contiennent peu de matières grasses et de cholestérol, et sont une bonne source de protéines. Certains poissons d'eaux froides, comme le saumon, sont également riches en oméga-3. Ne mangez jamais de poisson enrobé de pâte à frire ou de chapelure.

Pommes

Un aliment de base. Mangez des pommes fraîches en collation ou en dessert. La compote de pommes non sucrée est idéale avec les céréales ou avec du fromage cottage en collation.

Pommes de terre

Les pommes de terre nouvelles bouillies sont les seules acceptables dans le régime I. G. parce qu'elles contiennent moins d'amidon. Les autres appartiennent strictement à la catégorie feu rouge. Limitez tout de même la quantité à deux ou trois par portion.

Riz

Les valeurs I. G. varient considérablement selon les types de riz et la plupart sont des aliments feu rouge. Les meilleurs riz sont le riz basmati ou à grains longs. Le riz brun est préférable au riz blanc. Ne faites pas trop cuire le riz ; plus il est cuit, plus il est glutineux et plus il se transforme en aliment feu rouge.

Soya

La poudre de protéines de soya est un moyen simple d'augmenter la teneur en protéines de n'importe quel repas. Elle est particulièrement utile au petit-déjeuner, car vous pouvez la saupoudrer sur les céréales. Achetez la variété qui contient 90 % de protéines. On l'appelle parfois « poudre de protéines de soya isolées ». Le lait de soya nature à faible teneur en matières grasses ou sans matières grasses est une boisson feu vert parfaite.

Son d'avoine

Le son d'avoine est un excellent additif à haute teneur en fibres qui peut remplacer partiellement la farine. Il est également très bon comme céréale chaude.

Soupes

Les soupes en conserve ont un I. G. plus élevé que les soupes maison à cause de la température élevée à laquelle les variétés commerciales sont fabriquées. J'ai classé certaines marques de soupes en conserve dans la catégorie feu vert, parce qu'elles représentent des options acceptables. Toutefois, les soupes maison sont de meilleurs feu vert.

Tablettes alimentaires

La plupart des tablettes ou barres alimentaires sont une catastrophe diététique. Elles contiennent beaucoup de glucides et de calories, mais peu de protéines. Ces tablettes procurent simplement une dose de sucre rapide. Quelques-unes d'entre elles, comme les tablettes Zone et Balancc, offrent un meilleur équilibre de glucides, de protéines et de lipides. Cherchez les produits qui contiennent de 20 à 30 g de glucides, de 10 à 15 g de protéines et de 4 à 6 g de lipides. Cela équivaut à environ 220 calories par tablette. Il est utile d'en garder une dans un tiroir du bureau ou dans le sac à main pour dépanner. La portion qui convient pour une collation est d'une demi-tablette. Il m'est arrivé, en cas d'urgence, de manger une tablette avec une pomme et un verre de lait écrémé pour le dîner, lorsqu'il m'était impossible de faire une pause convenable pour le repas. Cela peut aller en cas d'urgence, mais n'en prenez pas l'habitude.

Tofu

Le tofu est une excellente source de protéines à faible teneur en gras. Bien que le tofu n'ait pas beaucoup de goût en lui-même, on peut l'épicer de multiples façons. Utilisez-le pour rehausser ou remplacer la viande et les fruits de mer dans les sautés, les hamburgers et les salades.

Viande

Les meilleures viandes feu vert sont le poulet et la dinde sans la peau, le bœuf paré, le veau, le jambon de charcuterie maigre et le bacon de dos. Pour le bœuf, il faut favoriser les coupes suivantes : la ronde, le haut de surlonge et le filet.

Yogourt

Le yogourt faible en M. G. à saveur de fruits et sucré à l'aspartame est un très bon produit feu vert. Son I. G. est l'un des plus faibles. Il fait un goûter idéal tel quel, ou il complète avantageusement les céréales au petit-déjeuner et les fruits au dessert. Notre réfrigérateur en contient toujours une demi-douzaine de saveurs délicieuses. En fait, quand je vais au supermarché, mon chariot est tellement plein de pots de yogourts que les autres clients m'abordent fréquemment pour me demander s'il y a des soldes.

Note : consultez le site www.gidiet.com pour suivre les mises à jour du glossaire.

Annexe II

Guide du garde-manger feu vert

GARDE-MANGER	RÉFRIGÉRATEUR	CONGÉLATEUR
Levure chimique, bicarbonate de soude	Babeurre	Crème glacée (faible en M. G., sans sucre ajouté)
Cacao	Fromage cottage (1 %)	
Abricots séchés	Yogourt aux fruits (faible en M. G., sans sucre)	
Amandes tranchées	Lait écrémé	
Son de blé	Crème sure (0 % ou 1 %)	
Farine de blé entier		
HARICOTS (EN CONSERVE)	**FRUITS**	**VIANDE, VOLAILLE, POISSON, ŒUFS**
Au four (faible teneur en matières grasses)	Pomme	(Voir Réfrigérateur)
Salade de haricots mélangés	Bleuet	

GARDE-MANGER	RÉFRIGÉRATEUR	CONGÉLATEUR
Fèves de soya	Mûre	Collations
Chili végétarien	Cerise	Muffins maison (voir recettes, pages 253-257)
	Pamplemousse	
PAINS	Raisin	**LÉGUMES, FRUITS**
100 % blé entier moulu sur pierre	Citron	Petits fruits mélangés
	Citron vert	Poivrons mélangés
CÉRÉALES	Orange	Légumes mélangés
All-Bran	Pêche	Pois
Bran Buds	Poire	
Fibre First	Prune	
Kashi Go Lean	Framboise	
Gruau	Fraise	
Red River		
BOISSONS	**VIANDE, VOLAILLE, POISSON, ŒUFS**	
Eau embouteillée	Tous les fruits de mer (sans panure ni chapelure)	
Eau gazéifiée	Poitrine de poulet (sans peau)	
Café décaféiné, thé	Charcuterie de jambon, dinde, poulet maigre	
Boissons gazeuses diète	Œufs liquides sans cholestérol (Break Free, Omega Pro)	
	Poitrine de dinde (sans peau)	
	Veau	

GARDE-MANGER	RÉFRIGÉRATEUR	CONGÉLATEUR
MATIÈRES GRASSES	**LÉGUMES**	
Huile de canola	Asperge	
Margarine (légère, sans matières grasses)	Haricot (vert ou jaune)	
Mayonnaise (sans matières grasses)	Poivron	
Huile d'olive	Brocoli	
Vinaigrettes (sans matières grasses)	Chou	
Huile végétale en aérosol	Carotte	
	Chou-fleur	
FRUITS (EN CONSERVE, EN BOUTEILLE)	Céleri	
Compote de pommes (sans sucre)	Concombre	Petits fruits
Mandarines	Aubergine	Fruits mélangés
Pêches dans le jus ou dans l'eau	Laitue	
Poires dans le jus ou dans l'eau	Champignons	
	Olives	
PÂTES	Oignon	
Fettuccini	Piment (fort)	
Spaghetti	Marinades	
Vermicelles	Pomme de terre (nouvelle seulement)	
	Radis	
SAUCES POUR PÂTES (À BASE DE LÉGUMES SEULEMENT)	Pois mange-tout	
Healthy Choice	Épinard	
Too Good to Be True	Tomate	
	Courgette	

GARDE-MANGER	RÉFRIGÉRATEUR	CONGÉLATEUR
RIZ		
Basmati		
À grains longs		
Sauvage		
ASSAISONNEMENTS		
Vinaigres et sauces aromatisés		
Épices, fines herbes		
COLLATIONS		
Barres alimentaires (Power Protein, Balance)		
SOUPES (à base de légumes ou de haricots seulement)		
Healthy Choice		
Healthy Request		
Too Good To Be True		
ÉDULCORANTS		
Egale		
Splenda		
Sugar Twin		
Sweet'n Low		

Annexe III

Liste d'emplettes du régime I. G.

GARDE-MANGER	RÉFRIGÉRATEUR ou CONGÉLATEUR
CUISINE ou PÂTISSERIE	**PRODUITS LAITIERS**
Levure chimique (poudre à pâte), bicarbonate de soude	Babeurre
Cacao	Fromage cottage (1 %)
Abricots séchés*	Crème glacée (allégée, sans sucre ajouté)
Amandes tranchées	Lait (écrémé)
Son de blé ou d'avoine	Crème sure (sans matières grasses ou 1 %)
Farine de blé entier	Lait de soya (nature, maigre)
HARICOTS (EN CONSERVE)	Yogourt (0 % M.G., avec édulcorant)
Haricots au four (maigres)	**FRUITS**
Salade de haricots mélangés	Pomme
La plupart des variétés	Mûre
Chili végétarien	Bleuet
PAIN	Cerise
Blé entier 100 % moulu sur pierre	Pamplemousse
CÉRÉALES	Raisin
All-Bran	Citron
Bran-Buds	Citron vert
Fibre First	Orange
Kashi Go Lean	Pêche
Son d'avoine	Poire
Gruau (à l'ancienne, flocons d'avoine)	Prune
	Framboise

BOISSONS

Eau en bouteille

Eau gazéfiée

Café décaféiné

Boissons gazeuses sans sucre

Thé

MATIÈRES GRASSES

Amandes

Huile de canola

Margarine (non hydrogénée, légère)

Mayonnaise (sans matières grasses)

Huile d'olive

Vinaigrettes (sans matières grasses)

Huile végétale en aérosol

FRUITS (EN CONSERVE ou EN BOCAL)

Compote de pommes (sans sucre)

Mandarines

Pêches dans le jus ou l'eau

Poires dans le jus ou l'eau

PÂTES

Capellini

Fettucine

Macaroni

Penne

Spaghetti

Vermicelle

SAUCES POUR PÂTES

(à base de légumes seulement)

Healthy Choice

Too Good To Be True

RIZ

Basmati ou grains longs ou sauvage

ASSAISONNEMENTS

Vinaigres ou sauces aromatisés

Fines herbes ou épices

COLLATIONS

Barre alimentaire (Power Protein, Balance)

Fraise

VIANDE ou VOLAILLE ou POISSONS ou ŒUFS

Tous les poissons et fruits de mer (non panés)

Poitrine de poulet ou de dinde (sans peau)

Bœuf haché maigre

Charcuterie de jambon, dinde, poulet maigre

Œufs liquides

Filet de porc

Veau

LÉGUMES

Asperge

Haricot (vert ou jaune)

Poivron et piment

Brocoli

Chou

Carotte

Chou-fleur

Céleri

Concombre

Aubergine

Poireau

Laitue

Champignon

Olive

Oignon

Marinade

Pomme de terre (nouvelle seulement)

Pois mange-tout

Épinard

Tomate

Courgette

SOUPES

Healthy Choice

Too Good to Be True

ÉDULCORANTS

Égal, Splenda, Sweet'n Low, Sugar Twin (et d'autres succédanés de sucre)

Annexe IV

Conseils pour les repas au restaurant

PETIT-DÉJEUNER FEU VERT	PETIT-DÉJEUNER FEU ROUGE
All-Bran	Céréales froides
Blancs d'œufs – Omelette	Bacon, saucisse
Blancs d'œufs – Brouillés	Œufs
Fruit	Muffins
Gruau	Crêpes, gaufres
Yogourt (maigre)	
DÎNER FEU VERT	**DÎNER FEU ROUGE**
Viandes – jambon, poulet, dinde style charcuterie	Produits laitiers
Pâtes – $\frac{1}{4}$ d'assiette maximum	Beurre, mayonnaise
Salades – faible teneur en matières grasses (vinaigrette à part)	Fromage
Sandwiches – ouverts, blé entier	Restauration rapide
Soupes – gros morceaux de légumes, haricots secs	Repas à base de pâtes
Légumes	Pizza, pain, bagels
Wraps – $\frac{1}{2}$ pita, sans mayonnaise	Pommes de terre (à remplacer par double portion de légumes)

SOUPER FEU VERT	SOUPER FEU ROUGE
Poulet, dinde sans peau	Bœuf, agneau, porc
Fruits	Pain
Pâtes – ¼ d'assiette maximum	Beurre, mayonnaise
Riz (basmati, brun, sauvage, à grains longs) – ¼ d'assiette maximum	Salade César
Salades – faible teneur en matières grasses, vinaigrette à part	Desserts
Poisson – ni pané, ni frit	Pommes de terre (à remplacer par double portion de légumes)
Soupes – gros morceaux de légumes, haricots secs	Soupes à base de crème
Légumes	

DÎNER FEU VERT	DÎNER FEU ROUGE
Amandes	Croustilles, tous types
½ barre alimentaire (ex. : Balance)	Biscuits, muffins
Fruits frais	Maïs éclaté, ordinaire
Noisettes	
Yogourt (o %, avec édulcorant)	

PORTIONS	
Viande	Paume de la main, paquet de cartes
Riz, pâtes	Minimum ¼ d'assiette
Légumes	Minimum ½ assiette

Annexe V

Les dix règles d'or du régime I. G.

1. Mangez trois repas et trois collations chaque jour. Ne sautez pas de repas, particulièrement le petit-déjeuner.
2. Tenez-vous-en strictement aux aliments de la catégorie feu vert dans la phase I.
3. La quantité des aliments est aussi importante que la qualité. Réduisez vos portions habituelles, particulièrement celles de viande, de pâtes et de riz.
4. Faites en sorte que chaque repas contienne des glucides, des protéines et des lipides en quantité adéquate.
5. Mangez au moins trois fois plus de légumes et de fruits que d'habitude.
6. Buvez beaucoup, de préférence de l'eau.
7. Faites 30 minutes d'exercice une fois par jour ou 15 minutes d'exercice deux fois par jour.
8. Trouvez un ami qui suivra le même programme que vous et encouragez-vous mutuellement.
9. Fixez-vous des objectifs réalistes. Essayez de perdre en moyenne un demi-kilo par semaine et notez vos progrès pour renforcer votre sentiment de réussite.

10. Ne considérez pas ce programme comme un régime. C'est ainsi que vous mangerez jusqu'à la fin de vos jours.

RÉGIME I.G. : JOURNAL DE PERTE HEBDOMADAIRE DE POIDS ou TOUR DE TAILLE

SEMAINE	DATE	POIDS	TAILLE	COMMENTAIRES
1.				
2.				
3.				
4.				
5.				
6.				
7.				
8.				
9.				
10.				
11.				
12.				
13.				
14.				
15.				
16.				
17.				
18.				
19.				
20.				

Index

Index
des recettes

Cet ouvrage a été composé en Garamond corps 12/15
et achevé d'imprimer sur les presses de
Quebecor World L'Éclaireur/St-Romuald, Canada, en août 2006.